DE
L'ABUS DES DROITS

DE
L'ABUS DES DROITS

PAR

Louis JOSSERAND

Professeur de Droit Civil à l'Université de Lyon

PARIS

LIBRAIRIE NOUVELLE DE DROIT ET DE JURISPRUDENCE

ARTHUR ROUSSEAU, ÉDITEUR

14, RUE SOUFFLOT ET RUE TOULLIER, 13

—

1905

DE
L'ABUS DES DROITS

Il est des esprits mal avertis qui reprochent volontiers aux juristes une propension fâcheuse à la subtilité et comme une exacerbation des facultés critiques : c'est qu'ils ignorent assurément l'histoire de la responsabilité. Jamais problème aussi complexe ne fut résolu avec une plus admirable simplicité. Un petit nombre de dogmes séculaires suffisaient à tous les besoins, faisaient face à toutes les difficultés ; parmi eux, brillait au premier rang la règle fameuse, marquée apparemment au coin du plus robuste bon sens, que l'exercice d'un droit ne saurait en aucun cas être générateur de responsabilité : « *Nullus videtur dolo facere qui jure suo utitur* » (1). *Neminem lædit qui jure suo utitur.* Par essence même, un droit est une valeur de tout repos ; sa réalisation doit se poursuivre en toute immunité : sinon, à quoi servirait-il d'en être investi ?

En réalité, cette conception décelait un curieux phénomène d'hypertrophie qui a été signalé par Edmond Picard en des termes pittoresques et que cet auteur range au nombre des aberrations du droit, — l'aberration par exagération du rapport juridique. Les concepts intangibles deviennent l'objet d'un culte véritable ; ils ont la vertu de sanctifier tout ce qui les approche : « on les respecte, on les protège, on les choie juridi-

(1) L. 55, Dig., L. 17.

1

quement, *en eux-mêmes,* indépendamment de leur utilité sociale, indépendamment des personnes et de leur moralité, comme quelque chose de fondamental et de sacré » (1). Grâce à eux, on espère préciser le domaine des actes licites, distinguer infailliblement le juste de l'injuste ; chacun d'eux occupera son compartiment fermé par des cloisons étanches et pourra se mouvoir impunément dans les limites de son royaume. Son titulaire, s'il est recherché à raison des dommages subis par autrui, n'aura qu'à riposter : « *Feci, sed jure feci.* » Ce sera le *Sans dot* de Molière, la formule magique qui clôt la discussion et rend toute insistance vaine.

Le rêve est touchant assurément, mais il est en trop complète opposition avec la réalité pour se confondre jamais avec elle. L'indépendance intégrale des rapports juridiques est aussi chimérique que celle des individus ; elle se conçoit tant que les droits demeurent à l'état théorique : elle s'évanouit aussitôt qu'ils s'animent pour entrer dans l'action. La vie est une mêlée où les intérêts, légitimes ou non, s'entrecroisent et se heurtent sans répit ; leur isolement serait la négation même de toute notion sociale, voire la négation de leur propre réalité, car un droit n'a de signification qu'autant qu'il s'oppose à d'autres droits : c'est au prix de la lutte et par un jeu de contrastes qu'il conquiert son individualité (2). Dans une société quelconque, tous les droits sont mitoyens et le rôle du législateur consiste, non pas à assigner à chacun d'eux un refuge inviolable, mais à organiser leurs luttes, à conditionner sagement, pour l'amortir, le choc des intérêts en présence, — en un mot à réaliser le juste

(1) Edmond Picard, *Le Droit pur,* p. 392.
(2) Emmanuel Lévy a énoncé et très heureusement développé cette idée que toute théorie sur la responsabilité tend en définitive à solutionner équitablement les conflits qui s'élèvent entre nos droits, définis ou non : *Responsabilité et Contrat,* dans la *Revue critique,* 1899, p. 361.

équilibre des forces individuelles qui gardent perpétuellement
le contact (1).

Ce qui rend cette tâche à la fois pressante et malaisée, c'est la
puissance d'expansion dont disposent bon nombre de droits :
car — et c'est encore une particularité qui a échappé aux juristes traditionnalistes — les droits ont une virtualité considérable ; pour certains d'entre eux elle est même infinie. N'étant
autres que des intérêts réglementés, canalisés, et par cela même
qu'ils constituent des *forces vives* (2), ils ont une propension
naturelle à tout envahir. La démonstration a été faite par Ihering, en des pages demeurées classiques, pour la propriété ; le
grand jurisconsulte a montré, avec sa vigueur de touche habi-
tuelle, qu'un propriétaire pourrait aisément rendre la vie intolérable à ses voisins tout en se renfermant strictement dans les
limites objectives où le législateur a pensé enfermer son droit (3).
Il serait facile de reproduire la même argumentation pour tel
autre rapport juridique à sujet passif indéterminé : laisser à un
droit toute liberté de réalisation, fût-ce dans un domaine précis
et avec des attributs restreints, serait préparer sûrement la
défaite des droits rivaux, la sienne propre et celle de la liberté.
Livrée à elle-même, la propriété du Code civil ne tarderait pas
à tuer la propriété, et ainsi se suicideraient la plupart des
droits. Les rapports juridiques demandent à être comprimés,
non pas seulement en théorie, sur le papier, mais pratiquement,
dans les faits, — non pas uniquement dans leur objet et leurs
attributs, mais aussi et surtout dans leur réalisation même.

Cette compression, la seule qui soit effective, peut affecter
une double forme : elle sera *objective* ou *subjective.*

_____

(1) Kant n'a-t-il pas défini le droit : « L'ensemble des conditions qui
limitent les libertés pour rendre possible leur accord » ?

(2) Ihering, *La lutte pour le droit,* traduction de Meulenaere, p. 1.

(3) Ihering, *Œuvres choisies,* traduction de Meulenaere, 2ᵉ vol., p. 112
et suiv.

1° *Objective*, elle atteindra et limitera le droit dans ses effets, dans son intensité d'action, dans sa nocivité, en laissant au compte du titulaire les risques anormaux inhérents à son exercice : elle sera *quantitative*. Les dommages causés par la réalisation du droit engageront la responsabilité du sujet actif dans la mesure où ils seront excessifs, donc injustes. C'est ainsi que le propriétaire d'un domaine est passible de dommages-intérêts envers les voisins s'il installe une usine d'où s'échappent des exhalaisons délétères de nature à préjudicier aux récoltes (1), ou s'il fonde un hospice de tuberculeux (2) ; ainsi, qu'une compagnie de chemins de fer est responsable du préjudice causé aux riverains de la voie ferrée, soit par les fumées (3), soit par les étincelles (4) qui s'échappent des locomotives. Sans nul doute ces propriétaires, cette compagnie, se sont renfermés strictement dans les limites théoriques de leurs droits ; peut-être même l'industriel a-t-il obtenu l'autorisation administrative (5); quant à la compagnie, non seulement elle peut se réclamer d'une concession qui lui a été consentie par les pouvoirs publics mais encore elle s'acquitte d'une fonction d'utilité générale. Cependant, notre jurisprudence n'admet pas que ces circonstances très favorables soient de nature à innocenter tous les actes accomplis ; pour légitimes qu'ils soient. les droits doivent être comprimés dans leur intensité même. Sinon l'équilibre serait rompu au détriment d'intérêts également respectables qui ne doivent pas être refoulés indéfiniment. Nous pouvons bien, par l'exercice des prérogatives que nous reconnaît la loi, préjudicier à autrui, mais seulement jusqu'à un certain point, dans une mesure ob-

(1) Nîmes, 30 avril 1895 (D. 1895.2.335).
(2) Limoges, 5 février 1902 (D. 1902.2.95).
(3) Cass., 3 janvier 1887 (D. 1888.1.39).
(4) Toulouse, 6 mai 1902 (D. 1902.2.413).
(5) Lyon, 10 mars 1886 (D. 1887.2.23).

jective qui est nécessairement laissée à l'appréciation du juge (1).

2º Mais cette première limitation ne serait point suffisante ; notre jurisprudence a estimé que les droits doivent, dans leur réalisation, comporter une autre compression plus impérieuse encore et plus équitable : à la limitation d'ordre objectif vient se superposer une limitation de nature subjective, qui la complète et la domine : elle est tirée de l'idée de la finalité des droits. Lorsque le législateur nous confère une prérogative, ce n'est pas pour que nous en fassions un usage quelconque : il a en vue un objectif déterminé. Toute institution a sa destinée qui constitue sa raison d'être et contre laquelle elle ne saurait s'insurger. Chaque droit est appelé à suivre une direction déterminée, et il ne saurait dépendre des particuliers de l'aiguiller à leur guise dans une direction différente ; il y aurait alors, non pas usage, mais *abus* de ce droit, et cet abus risquerait d'engager la responsabilité de son auteur. N'est-il pas naturel en effet que, lorsqu'un droit est dévié de son but, tous les dommages par lui causés dans la direction anormale où il a été engagé restent à la charge de son titulaire qui l'a fait véritablement *sien* ? Est-il tolérable qu'un propriétaire fasse servir son droit, sous le prétexte qu'il est absolu, à des projets malicieux et par exemple qu'il pratique des fouilles dans son terrain avec l'unique pensée de tarir la source du voisin, sans qu'il doive retirer lui-même aucun profit appréciable des travaux entrepris ? Ce n'est pas pour nuire à notre prochain que la loi nous accorde des prérogatives et qu'elle nous en garantit l'exercice : la lésion des intérêts d'autrui peut bien, à condition de ne pas s'exagérer, être

(1) C'est là toute la théorie du risque qui a été accueillie par les tribunaux et par le législateur avec une faveur qui n'a d'égale que la méfiance manifestée par la doctrine : c'est que le juge voit le droit dans sa réalisation pratique au lieu que les auteurs ont une tendance fâcheuse à le considérer comme un organisme sans vie et à se payer de dogmes tels que la faute aquilienne ou la maxime *Neminem lædit qui jure suo utitur*.

le *résultat* légitime de nos actions, mais en aucun cas elle ne saurait en constituer le *mobile* régulier. Ce propriétaire a imprimé à son droit une orientation antisociale, il en a abusé et par là même sa responsabilité se trouve engagée vis-à-vis du voisin lésé.

C'est sous cet aspect que se présente la notion de l'abus des droits, si profondément distincte du risque ; notion subjective et psychologique, puisqu'elle est tirée de l'état d'âme du titulaire à l'instant où il agit ; notion d'ordre profondément moral aussi, car elle est appelée à assurer le triomphe de l'esprit de la loi sur son texte, à protéger le droit contre l'égoïsme et la méchanceté qui seraient tentés d'y reconnaître la meilleure, la plus sûre de toutes les armes ; notion sociale enfin, puisqu'elle tend à assurer la réalisation des droits pour le plus grand bien de la collectivité, loyalement, opportunément, *civiliter*.

Sur la légitimité de cette notion, ce sont donc en vérité les destinées du droit qui se trouvent en question : il s'agit de savoir si le droit est susceptible, par une interprétation outrancière et draconienne, d'abriter indéfiniment l'injustice ou s'il ne doit pas se vivifier, s'humaniser profondément au souffle de l'équité de telle sorte que le *summum jus* devienne bien effectivement la *summa injuria*.

Les législations étrangères et notre jurisprudence française nous fournissent les éléments d'une solution que nous voudrions tenter de dégager et de systématiser.

CHAPITRE PREMIER

L'étude du droit comparé est féconde surtout par l'orientation qu'elle est susceptible de fournir : en leur révélant les tendances, le devenir des institutions, elle évite au jurisconsulte, au magistrat, au législateur même, bien des tâtonnements et des contresens juridiques. C'est dire l'intérêt que nous avons à dégager, sur cette question de l'abus des droits, les aspirations actuelles de quelques-uns des grands peuples européens ou d'origine européenne.

Or, le monde juridique se trouve, à ce point de vue, traversé par un double courant : le courant *individualiste* et le courant *social*.

I. — Le courant *individualiste*, qui mériterait aussi l'épithète d'*absolutiste*, est celui qui caractérise et qui mène la race anglo-saxonne. Individualistes, les Anglo-Saxons le sont profondément dans leurs institutions comme dans leur philosophie, comme dans leurs actes. Si leurs grands philosophes exaltent volontiers les lois inexorables de la concurrence vitale et de la sélection par élimination des faibles (1), leurs jurisconsultes, par une juste symétrie, se font des droits une conception rigoureuse, impitoyable même ; ils y voient avant tout des armes régulières, des moyens d'action. Car, pour eux, agir est tout ; les seuls individus qui comptent à leurs yeux ce sont les « faiseurs d'ac-

(1) Voy. notamment le résumé que présente Ch. Beudant des idées d'Herbert Spencer, dans *Le Droit individuel et l'Etat*, p. 231 et suiv.

tes » (1). La mission du législateur est dès lors toute tracée :
il n'a pas à assurer le règne de la justice distributive, mais bien
à mettre les citoyens à même de développer librement leurs
facultés et de donner leur pleine mesure (2). C'est dans ce but
qu'il leur reconnaît des droits, des prérogatives qui pourront
être exercées jusqu'au bout, des armes dont ils pourront faire
usage dans toutes les directions, à la poursuite d'un objectif
quelconque, au gré de leurs intérêts, de leurs passions ou de
leurs caprices, — des pavillons qui couvrent infailliblement la
marchandise. C'est la théorie du splendide isolement transpo-
sée de la nation aux individus qui réclament, pour leurs droits
et vis-à-vis des droits égaux appartenant à autrui, l'application
de la doctrine de Monroë.

Après cela qu'importe si la réalisation d'un droit préjudicie à
autrui ? Ce n'est pas au législateur qu'il incombe de modifier
l'incidence des coups de la fortune. Toute action profitable à
son auteur a pour contre-partie fatale un dommage causé à autrui. Montaigne observait déjà que « le proufit de l'un est dommage de l'aultre », et les jurisconsultes anglais s'appesantissent
complaisamment sur cette loi sociale qu'ils retournent dans tous
les sens afin d'en bien faire pénétrer le caractère inéluctable. Si
j'élève un mur qui masque au voisin la vue dont il jouissait jus-
que-là, si je fonde une maison de commerce qui prospère, je
cause à mon voisin ou à mes concurrents plus anciens un grave
préjudice : mais comment ma responsabilité serait-elle engagée
puisque je n'ai fait qu'user d'un droit incontestable ? Préten-
drait-on me contraindre à ne jamais préjudicier à autrui ? Mais
je ne saurais satisfaire à cette exigence qu'en n'agissant pas du

____

(1) Roosevelt, *l'Idéal américain*, traduction de Rousiers, p. 50 :
« C'est le faiseur d'actes qui compte dans la lutte pour la vie, et non celui
qui regarde, sans prendre part au danger, et qui explique comment le
combat devrait être livré. »
(2) Herbert Spencer, *First principles*.

tout « *not acting at all* » (1), et ce ne sont pas les Anglo-Saxons qui deviendront jamais partisans du *far-niente*. Ils acceptent d'instinct, dans toutes ses conséquences, et avec une belle philosophie, la loi naturelle qui fait du risque la rançon de l'action.

Les applications de ce point de vue sont innombrables ; les jurisconsultes anglais et américains les déduisent impitoyablement, presque avec orgueil, et notamment sir Frédérick Pollock, un des plus justement réputés d'entre eux. Dans son bel ouvrage sur le droit des délits « *The law of torts* », cet auteur illustre par une multitude d'exemples tirés de la vie de chaque jour le principe cher à ses compatriotes de l'immunité dans l'exercice des droits (Immunity in exercice of common rights). C'est l'exemple du propriétaire qui peut user indéfiniment de sa chose, fût-ce pour nuire à son voisin en lui masquant la vue ou en tarissant les eaux qui jaillissaient sur son fonds (2) ; car, suivant la jurisprudence bien établie de la Chambre des lords, « jamais un usage de la propriété qui serait légitime s'il était inspiré par un motif correct ne saurait devenir illégitime parce qu'il est déterminé par un mobile incorrect ou même malicieux » (3) ; — ce sont les prérogatives du patron qui peut congédier son employé en observant les délais d'usage sans avoir à rendre compte de sa décision : les raisons qui la lui ont dictée sont indifférentes, *immaterial* ; — c'est le cas du plaideur qui, quelle que soit sa mauvaise foi, ne saurait être condamné envers son adversaire triomphant à des dommages-intérêts distincts des dépens : concevrait-on que le droit d'agir en justice pût jamais devenir générateur de responsabilité ? L'abus

---

(1) Fréd. Pollock, *The law of torts*, 5° édit., p. 141 et suiv.

(2) Au témoignage de Fr. Pollock, les mêmes solutions ont cours aux Etats-Unis.

(3) Et l'auteur ajoute : « an aggrieved neighbour will not better his case by averring that the right was exercised maliciously » (p. 47).

malicieux des procès civils (*malicious abuse of process, malicious civil proceedings*) ne constitue pas un « *actionable wrong* », un tort juridiquement répréhensible, un délit (1).

C'est donc, avec la glorification de l'action et de l'initiative, le triomphe éclatant du *Summum jus*. Le droit se réalise abstraitement, indifféremment dans tous les sens ; il devient comme une machine puissante susceptible d'être employée à toutes les besognes, sans que la responsabilité de celui qui la dirige puisse être jamais engagée. Ainsi devaient se représenter les rapports juridiques les citoyens de la Rome primitive qui ne jugeaient pas excessif que les créanciers se disputassent, la loi en main, les morceaux de leur débiteur, ni qu'un chef de famille usât souverainement du droit de vie et de mort qui lui appartenait sur son épouse, sur ses enfants, sur ses esclaves. Mais, à Rome, la rigueur d'un tel système ne devait pas se perpétuer : les citoyens de la République et, plus encore, ceux de l'Empire, étaient appelés à connaître une conception des droits mieux en harmonie avec le génie de la race latine, si impressionnable, si volontiers accessible aux pensées altruistes : cette conception, c'est précisément celle de l'abus des droits.

II. — Elle n'est pas demeurée longtemps étrangère au peuple romain ; c'est même en elle que se résume essentiellement la belle évolution de ses institutions. En transposant une formule célèbre on est autorisé à dire que l'histoire du droit romain est un adoucissement constant ; le progrès réalisé en dix siècles d'évolution a consisté, sinon exclusivement au moins pour une bonne part, à faire du *summum jus* la *summa injuria*. La transformation est de notoriété classique pour les puissances maritale, dominicale. Elle est moins banale mais tout aussi certaine pour le droit de propriété ; car les jurisconsultes de l'époque classique ne se faisaient pas tout à fait du *dominium ex jure*

____

(1) Fr. Pollock, *op. cit.*, p. 300 et suiv.

Quiritium la conception absolue qui s'est établie dans la plupart des esprits ; certains fragments du Digeste font allusion à des abus du droit de propriété, et notamment celui où Ulpien, après avoir rapporté l'avis de Marcellus qui exonérait de toute responsabilité le propriétaire lorsqu'en pratiquant des fouilles dans son fonds il avait coupé la source du voisin, ajoute que cette solution est exacte seulement au cas où ce propriétaire a agi « *Suum agrum meliorem faciendi* », mais non pas s'il a pratiqué les fouilles, « *animo vicino nocendi* » (1). Le droit de propriété engage donc la responsabilité de son titulaire s'il vient à être exercé malicieusement ; c'est une limitation d'ordre subjectif, psychologique, que le jurisconsulte apporte à la réalisation pratique du *dominium ex jure Quiritium* ; c'est une application qu'il fait manifestement de la conception de l'abus des droits.

Mais l'application romaine la plus symptomatique est peut-être celle dont fut l'objet le droit d'exhérédation. Ce droit fut primitivement absolu comme était illimitée la puissance même du père de famille ; mais bientôt, grâce à la théorie coutumière de l'inofficiosité, il ne put être exercé qu'à bon escient ; la mesure de rigueur prise par le testateur ne s'imposait définitivement que si elle se justifiait par un motif plausible, et, au déclin du droit romain, Justinien dressera une liste des justes causes d'exhérédation. Lorsqu'ils édifièrent cette théorie de l'inofficiosité, les centumvirs ne firent autre chose que proclamer la possibilité d'abus du droit d'exhérédation ; ils limitèrent ce droit par des frontières subjectives, et la remarque est d'autant plus curieuse que le législateur français ne connaît rien de pareil. Les limitations apportées, sinon par nos tribunaux du moins par la loi, au droit de disposer à titre gratuit, sont purement objectives ; les mobiles qui dictent au testateur ses dernières volontés sont, en principe, indifférents : sur ce point,

(1) L. 1, § 12, Dig., XXXIX, 3.

c'est donc un recul que la notion de l'abus des droits a subi depuis Rome.

Ces brèves observations suffisent à montrer — et c'était notre seul but — que, si les Romains ne sont pas parvenus à édifier une théorie générale de l'abus des droits, ils ont accepté du moins certaines solutions qui en constituent autant de manifestations concrètes et indéniables : dès la République, les premiers linéaments de la conception avaient fait leur apparition.

Ce n'est pourtant ni à Rome ni chez les peuples latins que cette conception était appelée à s'amplifier jusqu'à la systématisation : les pays germaniques devaient être le terrain propice à son complet épanouissement.

Déjà il était écrit dans le Code prussien qu' « on ne doit pas indemnité pour un dommage causé par l'exercice de son droit, *à moins qu'entre plusieurs manières de l'exercer on n'ait choisi à dessein celle qui pourrait être préjudiciable* ». Mais le Code civil allemand de 1900 fait à l'idée de finalité une place autrement large ; on peut dire que la notion de l'abus des droits plane au-dessus de la grande œuvre législative. Il est vrai que cette souveraineté ne lui fut pas attribuée sans conteste, car l'article 705 du projet primitif ne reconnaissait à un fait le pouvoir d'engager la responsabilité de son auteur qu'autant qu'il ne rentrait pas dans l'exercice d'un droit ; par là s'affirmait clairement l'irresponsabilité de tout titulaire d'un droit défini quelconque, dans l'exercice de ce droit. Mais le Bundesrath jeta bientôt les bases d'une conception toute différente : il proclama illicite l'exercice du droit de propriété réalisé dans le but de nuire à autrui. Désormais, l'impulsion était donnée ; il restait seulement à généraliser, et ce fut l'œuvre de la commission du Reichstag qui, dans le texte précédemment adopté par le Bundesrath. supprima la mention faite spécialement et exclusivement du droit de propriété. Et alors se dégagea l'article 226 actuel : « *L'exercice d'un droit n'est pas permis lorsqu'il ne peut avoir d'autre but que de causer dommage à autrui* » (1).

Et l'article 826, conçu et transformé sous l'empire des mêmes préoccupations, décide à son tour : « *Quiconque, par un fait contraire aux bonnes mœurs, cause intentionnellement un dommage à autrui, doit réparation du dommage causé.* »

Enfin, c'est encore l'article 138 qui, en des termes remarquables, fait application de la théorie de l'abus aux actes juridiques : « *Un acte juridique qui porte atteinte aux bonnes mœurs est nul.* »

Et le texte ajoute, dans un deuxième alinéa qui adapte à un ordre d'idées spécial le principe contenu dans le premier :

« Est nul, en particulier, un acte juridique par lequel quelqu'un, en exploitant le besoin, la légèreté ou l'inexpérience d'autrui, obtient, pour lui ou pour un tiers, qu'en échange d'une prestation on promette ou on fournisse des avantages patrimoniaux qui excèdent de telle sorte la valeur de la prestation, qu'en tenant compte des circonstances ces avantages soient, par rapport à la prestation, dans une disproportion choquante. »

Ce sont les contrats léonins que vise cette disposition, une des plus intéressantes du nouveau Code ; elle prévoit et frappe une forme d'abus toute spéciale, l'abus du droit de contracter, abus rendu possible par le principe de l'autonomie de la volonté.

Ces trois textes fournissent comme le diapason de l'œuvre législative allemande, et il résonne tout autrement que celui du droit anglo-saxon. Les droits ne sont plus des prérogatives individuelles que chacun utilise à sa guise, individuellement ; ce sont des concepts sociaux qui doivent se réaliser d'une certaine

(1) Sur ces incidents d'élaboration, voyez les renseignements donnés par M. Saleilles dans la traduction du Code civil allemand, sous l'article 226. — Voy aussi, du même auteur, la *Théorie générale de l'obligation*, 2ᵉ éd., p. 370, note 1.

manière, dans un certain esprit, socialement : ce sont des instruments pacifiques qui, en aucune façon et sous aucun prétexte, ne sauraient être transformés en des machines de guerre ; ils doivent accomplir leur destinée et non s'insurger contre elle.

Ainsi s'accusent rigoureusement, par des dispositions formelles, les deux grandes tendances, individualiste et absolutiste d'une part — sociale et relative d'autre part, qui se manifestent dans les sociétés contemporaines : quelle est celle qui l'emportera ? Dans quel sens se réalisera l'unité à laquelle tendent fatalement des organismes qui évoluent côte à côte ?

Sans nul doute, l'avenir appartient à la tendance sociale et moralisatrice puisqu'elle gagne sans cesse du terrain alors que sa rivale en perd visiblement.

Que la théorie de l'abus des droits se développe chez les peuples germaniques comme parmi les races latines, c'est ce qui ressort d'un examen, même sommaire, des législations étrangères : en Allemagne, nous savons qu'elle en est arrivée, avec le Code civil, au stade de la systématisation ; en Suisse, elle est à la veille de triompher officiellement, car l'article 3, 2ᵉ alinéa du projet de Code civil fédéral est ainsi conçu : « Celui qui abuse évidemment de son droit ne jouit d'aucune protection légale. » En France, non seulement la jurisprudence a jeté les bases de la théorie, mais la question a été soulevée, dans la commission de réforme du Code civil, de savoir s'il ne conviendrait pas d'inscrire au seuil même du premier de nos Codes une formule donnant droit de cité à la notion équitable et féconde : il est vrai que la négative finit par prévaloir et que la motion fut rejetée. Mais, outre que cette décision ne fut prise qu'à égalité des voix, sa signification exacte n'est nullement celle qu'on serait tenté tout d'abord de lui attribuer ; car les débats ont porté bien moins sur la valeur et la réalité de l'abus des droits, que sur le procédé à suivre pour inscrire cette notion dans nos lois : c'est une question de procédure législative et non de principe qui a été soumise à la commission et qu'elle a tranchée dans le sens que nous avons indiqué. Le seul fait d'avoir été examinée par une assemblée de ce genre et d'avoir été soumise à l'épreuve d'un rapport, constitue pour la théorie de l'abus des droits une nouvelle victoire : lorsqu'une idée est ardemment discutée à la porte même du Parlement, c'est qu'elle ne tardera pas à la forcer (1).

La doctrine de l'absolutisme des droits suit une destinée exactement contraire. Même en Angleterre, elle est entrée dans la période des accommodements : le plus individualiste des peuples ne peut désormais s'abstraire des tendances sociales contemporaines. Tel droit, considéré jadis comme absolu, est actuellement susceptible d'engager la responsabilité de ceux qui l'exercent. Le fléchissement est sensible notamment pour le droit d'agir en justice et, sur ce point, il est noté par Fr. Pollock lui-même. Après avoir posé le principe que le seul fait d'engager malheureusement un procès civil n'est point générateur de responsabilité, le jurisconsulte ajoute que cela n'est vrai que des procès ordinaires, mais qu'il convient de faire exception pour certaines actions particulièrement graves, pour celles qui, bien que civiles, sont de nature à porter atteinte au crédit ou à la liberté d'une personne, telle l'action en banqueroute. Si pareille instance est entreprise sans motif raisonnable, malicieusement, la responsabilité du demandeur se trouve engagée, « is an actionable wrong ». Ainsi l'ont décidé, au cours du siècle dernier, les juges du Banc du Roi (2).

Dans le même ordre d'idées, il convient de signaler la loi du 14 août 1896 qui est intervenue pour éviter l'engagement de procès vexatoires, pour prévenir plutôt que pour réprimer l'abus des procès. Lorsqu'un individu engage habituellement des

(1) Consulter, sur cette discussion, le *Bulletin de la Société d'études législatives*, 1905, p. 323.

(2) Fr. Pollock, *op. cit.*, p. 302 et suiv.

instances injustifiées, la Haute-Cour peut, sur l'initiative de l'attorney général, lui faire défense d'introduire désormais aucune action sans avoir obtenu l'autorisation de justice qui ne lui sera délivrée qu'après examen de l'affaire et lorsqu'on aura constaté que la procédure à engager n'est pas abusive. C'est la sanction préventive qui devance et rend inutile la sanction répressive sous forme de dommages-intérêts (1).

Il importe de noter aussi la tendance qui s'accuse chez les auteurs et les juges anglais à admettre la responsabilité de l'individu qui persuade à autrui d'accomplir un acte qui nuira à un tiers. Le conseil a-t-il été donné malicieusement ? Le tiers pourra demander des dommages-intérêts au mauvais conseilleur (2).

Si on ajoute que la notion du risque industriel a été introduite en Angleterre, il y a plusieurs années, par le fameux Act Chamberlain du 6 août 1897, et qu'aux Etats-Unis même la conception de la responsabilité objective fait de réels progrès, on aboutira à cette conclusion que la théorie classique de la faute combinée avec l'adage « *Nullus videtur dolo facere...*» craque de toute part : à l'axiome vieilli que nous sommes irresponsables dans l'exercice de nos droits, la sagesse unanime des nations tend à substituer ce principe de raison que nous risquons d'engager notre responsabilité toutes les fois que nous agissons, — soit que notre action puisse se réclamer d'un droit défini, — soit que nous réalisions purement et simplement notre liberté, source et matière première de tous nos droits.

(1) Voir la traduction de cette loi dans l'*Annuaire de législation étrangère*, 1897, p. 49. Une loi du 12 août 1898 a introduit en Ecosse un régime analogue. Voy. l'*Annuaire de législation étrangère*, 1899, p. 24.

(2) Pollock, *op. cit.*, p. 151.

CHAPITRE II

L'ABUS DES DROITS DANS LA JURISPRUDENCE ET DANS LA
LÉGISLATION FRANÇSAIES.

Ce n'est pas dans la doctrine qu'il faudrait chercher les premiers avantages remportés par la conception de l'abus des droits ; nos auteurs représentent, sur cette question comme sur tant d'autres, l'extrême arrière-garde du mouvement juridique contemporain. Il est remarquable et presque incroyable que les tribunaux aient pu, pendant plus d'un demi-siècle, appliquer et développer jusqu'à l'épanouissement quasi-définitif une théorie féconde entre toutes, sans que les auteurs s'en soient même aperçus, sans que leurs œuvres aient reflété, fût-ce imparfaitement, le point de vue qui est en passe de rénover tout notre droit (1). Depuis quelques années cependant, la doctrine a pris connaissance et s'est souciée du mouvement jurisprudentiel ; mais ç'a été pour le combattre, presque unanimement (2).

Dans ce combat, l'Ecole est vaincue d'avance ; l'expérience démontre que toutes les résistances par elle opposées à la pratique ont été stériles et qu'on ne saurait, avec des mots, arrêter l'essor d'un mouvement jurisprudentiel. C'est qu'un tel mouve-

____

(1) Il y a lieu cependant de faire une très honorable exception pour Larombière qui écrivait en des termes excellents : « Pour qu'une entière et parfaite irresponsabilité garantisse l'exercice d'un droit, il faut que celui qui l'exerce en use prudemment avec les précautions ordinaires, sans en abuser et sans en excéder les justes limites. »

(2) Nous citerons parmi les dissidents MM. Saleilles, Charmont, Tissier, Duffau-Lagarrosse. — Voy. aussi les thèses de doctorat de M. Porcherot (Dijon, 1901), et de M. Bose (Montpellier, 1901).

2

ment a toujours des raisons profondes, supérieures aux arguments de texte et aux adages, même les plus antiques ; c'est qu'il répond invariablement à des considérations morales, à des nécessités sociales d'une ampleur et d'une intensité telles que toute résistance est condamnée à demeurer vaine. Qui donc songerait aujourd'hui à s'insurger contre la théorie de l'assurance sur la vie au profit d'autrui, ou contre la personnalité des sociétés, ou encore contre l'ingénieux procédé des astreintes ? Chacun comprend que ce serait peine perdue et qu'aucun raisonnement ne peut prévaloir contre une réalité ; car, dans le domaine juridique, c'est la masse des décisions judiciaires qui constitue la réalité dont on ne peut s'abstraire, l'organisme qui s'offre à l'étude du jurisconsulte et dont il ne saurait prétendre commander l'évolution Sa tâche, plus modeste, à peine d'être factice et stérile, mais considérable encore, est toute d'observation, de coordination ; loin d'être imaginative, elle est d'ordre essentiellement expérimental.

Elle trouve, dans la jurisprudence sur l'abus des droits, d'abondants matériaux. L'idée maîtresse de cette jurisprudence s'est infiltrée dans les différentes parties de la science au point de les envahir toutes. Nos tribunaux n'admettent pas qu'un droit, quel qu'il soit, puisse se réaliser antisocialement, contrairement à sa finalité ; ils ont eu l'occasion de faire application de cette loi sociale :

Soit aux *droits extra-contractuels*, et nous entendons par ces mots ceux qui peuvent exister et être exercés indépendamment de toute idée de contrat :

Soit aux *droits contractuels*, et nous faisons allusion, par ces expressions, aux droits qui évoquent l'idée de contrat, qui se meuvent et se réalisent dans une atmosphère contractuelle.

I. — Droits extra-contractuels.

Ils sont tous dominés par la notion de l'abus, qu'ils soient de nature patrimoniale ou qu'ils ressortissent à l'organisation de la famille.

I. Droits patrimoniaux. — Bien loin de les passer tous en revue nous ne nous arrêterons qu'aux plus absolus d'entre eux, à ceux qui, par leur caractère impérieux, paraissent répugner particulièrement à toute limitation subjective.

Droit de propriété. — Il est le type du droit absolu ; dans la conception traditionnelle, le propriétaire est un souverain qui, retranché dans sa chose comme dans une forteresse, agit sans contrôle et auquel on ne songe même pas à demander compte du mobile de ses actes. Cependant, notre jurisprudence a eu cette curiosité ; elle a proclamé à maintes reprises que la responsabilité du propriétaire pouvait être engagée par un acte exercé, dans l'exercice de son droit sans doute, mais contrairement aux fins de la propriété.

Ainsi a-t-elle décidé d'abord pour les actes accomplis malicieusement ; ce n'est pas pour nous mettre à même de nuire à nos voisins que les pouvoirs publics nous reconnaissent et nous garantissent un droit de propriété. La volonté de préjudicier à autrui est antisociale par essence même ; jamais elle ne saurait représenter la finalité d'un concept juridique quelconque. Si donc un propriétaire élève sur le toit de sa maison une fausse cheminée qui ne présente pour lui aucune utilité et qui, dans sa pensée, est destinée uniquement à nuire au voisin dont la demeure s'en trouve assombrie, sa responsabilité est par là même engagée envers la victime qui peut réclamer, soit des dommages-intérêts, soit même la démolition de l'ouvrage qui a cependant été édifié dans la plénitude d'un droit réputé absolu. C'est que, suivant les justes réflexions de la Cour de Colmar :

« S'il est de principe que le droit de propriété est un droit en quelque sorte absolu, autorisant le propriétaire à user et abuser de la chose, cependant l'exercice de ce droit, *comme celui de tout autre, doit avoir pour limite la satisfaction d'un intérêt sérieux et légitime.* » Et la Cour ajoute que « les principes de la morale et de l'équité s'opposent à ce que la justice sanctionne une action inspirée par la malveillance, accomplie sous l'empire d'une mauvaise passion, ne se justifiant par aucune utilité personnelle et portant un grave préjudice à autrui » (1). Le même traitement sera appliqué au propriétaire qui, méchamment, organise sur son fonds des manifestations bruyantes pour effrayer le gibier et rendre impossible ou infructueuse la chasse projetée par son voisin (2), comme à celui qui n'a pratiqué des fouilles dans son domaine que pour tarir la source qui jaillissait sur le fonds contigu. Sans doute, le propriétaire est maitre du tréfonds comme du sol, mais, pas plus dans le tréfonds que sur le sol ou dans le domaine aérien, son droit ne peut se réaliser méchamment ; un tel acte, « inspiré exclusivement par l'envie de nuire, prend... le caractère d'une entreprise portée sur le fonds du voisin » (3).

Mais pour qu'un acte de propriétaire soit abusif et générateur de responsabilité, il n'est pas même nécessaire que l'intention de nuire l'ait inspiré ; il suffit que son auteur l'ait accompli, suivant la formule très exacte de la Cour de Colmar, sans intérêt sérieux et légitime. L'intention de nuire n'est décisive que parce qu'elle révèle l'absence d'un tel intérêt, mais il arrivera que cette absence sera établie même indépendamment de toute volonté malicieuse, et la responsabilité du propriétaire n'en sera pas moins engagée. Voilà par exemple un individu qui exécute avec persistance dans son terrain des fouilles qui sont

(1) Colmar, 2 mai 1855 D. 1856.2.9.
(2) Paris, 2 décembre 1871 D. 1873.2.185.
(3) Lyon, 18 avril 1856 D. 1856.2.199.

de nature à nuire au voisin ; il a conscience du préjudice qu'il cause, mais il n'apparaît pas qu'il le cause méchamment. Qu'importe ! Du moment que les fouilles ne pouvaient lui être d'aucune utilité, il lui sera demandé raison du préjudice causé, car ce ne peut être la destinée d'un droit de nuire à autrui sans profiter à son titulaire (1).

Voilà comment la notion de l'abus met à nu le ressort véritable, l'âme même de la propriété individuelle, à savoir l'intérêt égoïste de celui qui en est investi. Tout ce qu'on demande au propriétaire c'est d'utiliser son droit dans son intérêt effectif. Cet intérêt constitue en définitive la plus sûre garantie de la réalisation sociale du droit ; là où il fait défaut, la conduite du propriétaire devient suspecte et si, en même temps, elle cause un dommage à autrui, elle se révèle antisociale et appelle donc une sanction juridique.

Droit de recourir aux voies légales. — Il évoque des observations et une conclusion identiques : tout autant, sinon plus que le droit de propriété, il apparaît comme irréductible. Le plaideur qui défend ses intérêts devant les tribunaux s'acquitte, suivant la remarque d'Ihering, à la fois d'un devoir individuel et d'un devoir social : d'un devoir individuel, car c'est en définitive sa personnalité même pour laquelle il lutte et qui serait diminuée par une capitulation ; un devoir social, car, en défendant son droit il « apporte son obole à la réalisation de l'idée du droit sur la terre » ; les règles juridiques n'ont de valeur qu'à la condition de s'affirmer effectivement : c'est aux particuliers qu'il incombe de leur donner la vie ; chaque individu est « un lutteur né pour le droit, dans l'intérêt de la société » (2).

Dès lors, comment pourrait-il être jamais question de reprocher à un plaideur de s'être acquitté d'une mission aussi éle-

(1 Cass., 10 juin 1902 ,D. 1902.1.454).
(2) Ihering, *La lutte pour le droit*, traduction de Meulenaëre.

vée ? Comment une prérogative véritablement sacrée saurait-elle comporter la notion d'abus ? On le comprendrait d'autant moins qu'en recourant aux voies légales, le plaideur n'empiète pas sur le droit de son adversaire ; il se sert des armes dont la loi l'a pourvu : le développement parallèle et indéfini des droits égaux, identiques, paraît être ici, non pas une chimère, mais une possibilité dont il convient de poursuivre la réalisation.

Cependant, la jurisprudence n'a jamais attaché à l'usage des voies légales cette sécurité absolue ; jamais elle n'a ouvert toute grande et sans toute garantie la porte du prétoire ; mais toujours elle s'est reconnu le pouvoir de scruter les mobiles qui guident les plaideurs, d'en apprécier la moralité et d'en faire surgir, au cas où ils seraient antisociaux, une responsabilité. Invariablement elle a admis que l'exercice des voies légales, actions, saisies, etc., était susceptible de devenir abusif et de motiver une condamnation à des dommages-intérêts spéciaux, parfaitement indépendants des dépens laissés à la charge du plaideur malheureux et auxquels ils viennent se superposer.

L'abus peut être commis dans l'exercice du droit de plaider ; celui qui n'engage un procès ou qui ne résiste à une demande que dans un but méchant et vexatoire encourt, de ce chef, une condamnation à des dommages-intérêts supplémentaires, car « si celui qui a recours aux voies judiciaires pour obtenir le paiement de ce qui lui est dû ne fait qu'exercer un droit légitime, il en est autrement de celui qui y a recours *abusivement*, par malice ou par esprit de vexation, ou même par une erreur grossière équivalente au dol » (1).

Et peu importe que la mauvaise foi du plaideur se manifeste dans le principe même de l'action ou de la défense ou bien seulement dans les procédés employés ; les moyens de procédure, si légitimes qu'ils soient en eux-mêmes, objectivement consi-

(1) Cass., 11 juin 1890 (D. 1891.1.193).

dérés, peuvent, à raison de l'esprit qui a dicté leur emploi, engager la responsabilité de celui qui les utilise. L'exemple le plus frappant est celui du demandeur qui, ayant à choisir entre plusieurs tribunaux également compétents, saisit celui qui se trouve être le plus éloigné du domicile de son adversaire ; s'il est démontré que son choix ne lui fut dicté que par une pensée vexatoire, il sera passible de dommages-intérêts envers le défendeur (1). Pareil sort est réservé au plaideur qui s'efforce de harceler et de lasser son adversaire en multipliant sur sa route les incidents de procédure : l'obstructionnisme systématique n'est pas de mise dans le prétoire des tribunaux. Et si, par exemple, ayant interjeté appel, ce plaideur fait défaut dans la nouvelle instance par lui engagée et sur son propre appel, il s'expose à des dommages-intérêts de ce chef (2).

Car l'usage immodéré, vexatoire, des voies de recours peut, comme celui de l'action elle-même, dégénérer en abus ; le droit d'interjeter appel, aux conditions cependant et dans les cas prévus par la loi, comporte lui-même des limites subjectives et le plaideur qui forme un appel malicieux, vexatoire ou téméraire, engage par cela même sa responsabilité ainsi que le décide une jurisprudence constante (3).

De leur côté, les voies d'exécution ne sont pas indéfiniment ouvertes aux particuliers ; s'ils en usent inconsidérément, fût-ce dans les limites objectives légales, ils s'exposent à des dommages-intérêts (4).

Le recours aux voies légales comporte donc les mêmes réserves, les mêmes limites subjectives que la propriété. L'analogie se poursuit jusqu'au bout ; car, de même que l'intention de

(1) Toulouse, 12 juillet 1823.
(2) Cass., 3 août 1891 (D. 1892.1.566)
(3) Cass., 27 mai 1884 (D. 1884.1.137) ; Cass., 22 avril 1898 (D. 1898. 1.391) ; Cass., 22 janvier 1900 (D. 1900.1.159).
(4) Cass., 26 décembre 1893 (D. 1895.1.529).

nuire n'est pas absolument indispensable pour que la respon-sabilité du propriétaire soit engagée, ainsi une condamnation à des dommages-intérêts peut frapper un plaideur qui, n'agissant pas dans un but vexatoire, a du moins commis une faute lourde. Dans les deux cas, la jurisprudence s'en tient au critérium de l'intérêt sérieux et légitime ; l'utilité que l'acte présente pour son auteur constitue la plus sûre garantie de sa valeur sociale : il est des cas où l'égoïsme bien compris devient une suffisante vertu.

Droit d'exprimer sa pensée ; liberté de la presse. — Cette li-berté, telle qu'elle est affirmée par la loi du 29 juillet 1881, comporte de nombreux tempéraments, la plupart tirés des mo-biles qui ont pu inspirer l'écrivain ; on ne veut pas que le droit d'exprimer sa pensée, droit naturel et imprescriptible cepen-dant, puisse comporter une orientation antisociale ; comme tous les autres il est susceptible d'abus, et c'est l'intention de l'écrivain qui est révélatrice de l'abus, donc génératrice de res-ponsabilité. Poursuit-il un but désintéressé ? N'a-t-il d'autre souci que de faire connaître la vérité ? En règle générale (1) il échappera alors à toute responsabilité à raison des dommages qu'il peut avoir cependant causés à autrui. Agit-il méchamm-ment ? Le préjudice est-il, non plus la conséquence indirecte et occasionnelle de son écrit, mais l'objectif poursuivi ? Il en devra compte alors, dans tous les cas.

On voit par là combien ce droit diffère des précédents : il a un fondement altruiste ; il n'acquiert tout son ressort que s'il est mis au service de l'idée ; son utilisation égoïste n'est pas exempte de péril puisque, du moment où elle devient dommageable pour autrui, elle devient du même coup dangereuse pour l'écrivain : c'est l'avantage retiré par la société et non plus l'intérêt indivi-

---

(1) Cette réserve est rendue nécessaire par le large domaine reconnu au droit de réponse, soit par la loi du 29 juillet 1881, soit aussi par la Cour de cassation : Cass., 20 mai 1900 (D. 1901.1.137).

duel de l'agent qui sauve les actes dommageables de la responsabilité délictuelle.

La loi et la jurisprudence se sont inspirées constamment de ce point de vue élevé. Chacun sait que les délits de diffamation et d'injure n'existent pas en dehors de l'intention de nuire. Mais, à l'inverse, cette intention peut suffire, à elle seule et indépendamment de toute infraction pénale, à engager la responsabilité de l'orateur ou de l'écrivain. Ainsi, le journaliste qui exhorte le public à ne plus se servir chez tel commerçant parce qu'il n'observe pas le repos du dimanche ne commet ni injure ni diffamation, puisque le fait dénoncé par lui n'a rien de déshonorant, rien qui répugne à la publicité ; cependant, il sera passible de dommages-intérêts, car il a abusé de la liberté que lui reconnaissait la loi (1).

Qui ne connaît aussi la tendance de nos tribunaux à passer l'éponge sur les attaques, même violentes, qui se produisent au cours d'une période électorale ? Cette indulgence s'explique jusqu'à un certain point par l'échauffement des esprits qui, dans le feu de l'action, ne mesurent plus les propos ; elle procède aussi de cette considération que de telles attaques, survenues en un pareil moment, sont dirigées bien moins contre des individus que contre les doctrines qu'ils représentent. L'objectif véritable des polémistes est encore désintéressé : la liberté d'exprimer sa pensée est utilisée pour la défense des convictions, c'est-à-dire dans une direction sociale.

C'est encore la même commune mesure qui sert à délimiter les droits de la critique. Il est très possible que les appréciations défavorables d'un chroniqueur influent nuisent à la réussite d'une pièce ou d'un livre, le public n'ayant guère d'autre opinion que celle qu'il emprunte aux comptes rendus. Cependant l'auteur de ces critiques jouira d'une complète immunité s'il a

(1) Cass., 8 mai 1876 (D). 1876.1.259).

été guidé par le seul souci de la vérité, s'il a fait œuvre consciencieuse et sincère. Sa responsabilité serait au contraire engagée si ses attaques, par leur outrance même, avaient revêtu un caractère personnel ; car, suivant la formule très exacte dont s'est servi récemment le tribunal civil de Lyon, « chacun est libre de juger et de censurer les pièces qui sont représentées pourvu que les critiques qui se produisent soient exemptes de mauvaise foi et désintéressées » (1). Il ne faut pas que le critique fasse, par la pensée qui l'inspire, le dommage sien.

Droit de grève (2). — Ici, la théorie de l'abus des droits a eu affaire à forte partie : tel auteur qui applaudit à ses résultats en matière de propriété crie à la profanation si on prétend l'appliquer au droit de coalition, — de coalition ouvrière tout au moins. Car la tendance est très accusée chez certains esprits à considérer le droit de grève comme une prérogative intangible, supérieure à toutes les autres et d'une essence véritablement différente, comme une divinité à laquelle on pourrait sacrifier indéfiniment et impunément. Cette tendance trouve son expression très nette dans un article anonyme inséré dans les *Annales de droit commercial* de 1904 ; l'auteur considère que « la grève plane au-dessus des contrats, elle est plus forte qu'eux ». C'est dire que jamais les grévistes n'encourront aucune responsabilité, à moins qu'ils ne commettent un délit caractérisé : « Et cette solution doit être tout à fait indépendante du point de savoir si, en fait, la grève était ou non justifiée, si l'événement lui a donné raison ou non, si les ouvriers y ont eu recours d'une façon sage et considérée. *Dans tous les cas elle est légitime*, pourvu

(1) Trib. civ. Lyon, 9 décembre 1904 (*Mon. judic.* du 24 décembre).

(2) Si nous rangeons ce droit parmi les droits extra-contractuels, c'est d'abord parce que nombre d'auteurs prétendent le placer au-dessus des contrats ; c'est aussi et surtout parce qu'il est de nature à exercer un retentissement sur les personnes étrangères aux contrats intervenus entre patrons et ouvriers.

qu'elle ait été exempte des manœuvres qui contribuent à la faire tomber sous le coup de la loi pénale. Dans tous les cas, les règles ordinaires du droit des contrats plient devant elle » (1).

Dans cette conception, la grève porte en elle-même sa propre légitimité et il ne saurait donc être question de scruter le mobile qui a inspiré les grévistes : ce serait peine perdue puisque ce mobile, quel qu'on puisse l'imaginer, est sûrement irréprochable. La Cour de Rennes n'a-t-elle pas proclamé que le législateur, en abrogeant l'article 416 du Code pénal, a rendu légitimes tous les faits de grève non attentatoires à la liberté du travail, et cela « sans distinction de mobile » ?

Ce point de vue qui fait de la grève une institution non causée, abstraite, nous paraît enfantin : il n'existe pas de droit qui porte en lui-même sa raison d'être et sa propre justification, donc pas de droit qui puisse prétendre échapper à tout contrôle et choisir librement son terrain de réalisation pratique. Comme tous les autres, le droit de grève doit avoir été concédé dans un but déterminé ; il doit être pourvu d'une finalité, sinon, il faut le rayer de nos lois. Cette finalité, la jurisprudence et, plus spécialement la Cour de cassation, l'ont parfaitement dégagée : elle s'identifie avec les intérêts professionnels des ouvriers ou des employés ; c'est pour la sauvegarde de ces intérêts que le droit de coalition leur a été accordé et c'est seulement s'ils le font servir à cet usage qu'ils auront carte blanche et qu'ils pourront prétendre à l'immunité à raison des faits de grève ; sinon, le droit ayant été dévié de son but, devient, dans la mesure du préjudice causé par sa réalisation, générateur de responsabilité (2).

C'est en conformité de ce point de vue que sont intervenues des décisions affirmant que la responsabilité des grévistes peut

(1) *Annales de droit commercial*, 1904, p. 360 et s.

(2) Voy. par exemple : Cass., 9 juin 1896 (D. 1896.1.582, avec les conclusions de l'avocat général Desjardins).

être engagée, soit envers le patron soit vis-à-vis des ouvriers ou
des contre-maîtres boycottés, lorsque l'intention de nuire constitue l'unique mobile de leur détermination, aucun intérêt pro-
fessionnel ne se trouvant lié à la mesure qu'ils prétendent dic-
ter au patron. Presque toujours il arrive que l'individu boycotté
est « un homme indifférent en soi » (1). Son maintien dans
l'usine, comme son exclusion, ne doivent exercer aucune influence « sur la hausse ou la baisse des salaires, sur les rapports
des ouvriers avec le patron, ni sur aucune des conditions du
travail » (2).

Une intention malveillante, une querelle de personnes, ne
peuvent donc servir de cause légitime à l'exercice du droit de
grève ; nous en dirions autant de tous mobiles étrangers aux
intérêts professionnels des parties en cause : sans distinction
aucune, ils font dégénérer en abus l'exercice du droit qui devient
alors générateur de responsabilité (3).

II. — **Droits de famille.** — Nul doute qu'à l'origine des
peuples ils ne se présentent comme absolus : le progrès a
consisté à leur assigner une orientation, à les causer.

Pour la *puissance paternelle*, le résultat fut compromis par le
Code civil ; les rédacteurs semblaient avoir entendu faire de
cette puissance un droit exclusif dont les attributs pussent être
indéfiniment exercés par le père de famille ; nul correctif à base
subjective n'était apporté par la loi à cette omnipotence qui
évoquait le souvenir de la *patria potestas* romaine et, no-

(1) Chambéry, 14 mars 1893 (D. 1893.2.191). — Cet arrêt se rattache
à la fameuse affaire du Syndicat de Jallieu : voy. D. 1891.2.241 et
1892.1.449.

2 Même arrêt de la Cour de Chambéry.

3 A ce titre, devrait être considérée comme injustifiée une grève
motivée par l'attitude politique du patron, comme celle qui tendrait à
lui imposer la réintégration d'ouvriers condamnés correctionnellement
pour vols commis à son détriment. — V., sur cette dernière espèce,
le *Bulletin de la Société de législation comparée*, 1904, p. 133, note 2.

tamment, nul texte du Code civil ne prévoyait que les parents pussent être déchus de leur puissance. Sans doute, les excès commis pouvaient motiver une condamnation pénale, mais les prérogatives inhérentes à la puissance paternelle n'en subsistaient pas moins intégralement : un tel régime représentait la négation même de la notion d'abus.

Mais la jurisprudence prit à tâche de la faire revivre : sans s'arroger le droit d'enlever aux parents indignes la puissance paternelle même, elle n'hésitait pas à les priver, lorsque la nécessité s'en faisait sentir, de l'un des attributs de cette puissance et notamment du droit de garde. Ainsi reconnaissait-elle que l'autorité paternelle est susceptible d'abus, qu'elle est instituée, non pas pour le bon plaisir de son titulaire, mais dans un but plus élevé, dans l'intérêt de la famille et des enfants. Les lois du 7 décembre 1874, du 24 juillet 1889 et du 19 avril 1898 n'ont fait qu'introduire dans le domaine législatif et développer une théorie heureusement élaborée par nos tribunaux : depuis bien des années déjà, la puissance paternelle était exactement causée.

La *puissance maritale*, elle aussi, s'est adoucie ; indépendamment de tout texte, la jurisprudence refuse au mari le droit d'interdire arbitrairement à sa femme toute relation avec ses proches parents. Il n'est pas jusqu'au droit de poursuivre l'annulation des actes que la femme a passés sans aucune autorisation qui ne comporte désormais la possibilité d'un abus ; la Cour de Paris a en effet refusé à un mari l'action en nullité parce qu'il résultait des circonstances de la cause qu'il se proposait d'en faire un usage anormal et peu honorable : après avoir gardé le silence pendant de longues années, il n'agissait que guidé par un mobile personnel, purement égoïste ; il commettait par là un véritable abus de la puissance maritale, plus spécialement d'un des attributs qu'elle comporte et qui paraissait jusqu'ici répugner à toute tentative de limitation subjective (1).

II. — Droits contractuels.

Les droits qui éveillent nécessairement l'idée de contrat sont susceptibles d'abus qui se manifesteront :

Soit dans la conclusion ou le refus de conclusion du contrat ;

Soit dans son exécution ;

Soit dans sa résiliation.

I. — *Abus commis dans la conclusion ou le refus de conclusion du contrat (abus de la liberté contractuelle).*

Comme toute liberté, celle-ci a deux faces, une face *positive*, chacun ayant la facilité de passer des contrats dans les limites légales ; une face *négative,* tout individu ayant le droit de s'abstenir de lier sa volonté à celle d'autrui.

De ces deux formes qu'affecte le principe de la liberté contractuelle, il semble bien que la seconde soit la plus impérieuse, la plus sacrée ; comment pourrait-on même songer à discuter le refus qu'oppose une personne aux offres de contracter qui lui sont adressées par une autre ? Le droit de s'abstenir n'est-il pas du moins un droit absolu ?

Le tribunal civil de Bordeaux a fait s'évanouir cette dernière illusion de l'ancienne doctrine ; dans un jugement fort bien rédigé, il a admis que la responsabilité d'un patron peut être engagée par un refus d'embauchage si ce refus est motivé par la circonstance que les pollicitants font partie d'un syndicat. Dans l'espèce, cette attitude négative du patron avait déterminé bon nombre d'ouvriers à quitter le syndicat afin de ne plus se heurter à un refus systématique d'embauchage ; c'est pourquoi le président de cette association réclamait une indemnité qui lui fut accordée par le tribunal civil de Bordeaux, étant bien constaté

(1) Paris, 5 janvier 1904 (*La Loi* du 17 mars).

que le patron avait agi (ou plutôt s'était abstenu) méchamment, qu'il avait « nui à autrui pour rien, pour le plaisir, sinon dans le but prohibé de mettre obstacle au fonctionnement d'une institution légale » (1).

La solution est en parfaite conformité avec la théorie de l'abus des droits puisqu'elle est tirée du mobile antisocial, illicite, qui avait inspiré au patron son abstention, à savoir le désir de nuire au syndicat ouvrier, institution régulière et légale : elle n'en est pas moins digne de remarque, d'abord parce qu'elle tend quelque peu à la consécration du *contrat forcé*, puis parce qu'elle vient apposer une limite à un droit jusqu'ici considéré comme sacré, le droit à l'inertie. Désormais, un départ sera fait entre l'inertie légitime qui pourra s'affirmer, s'étaler impunément, et l'inertie injuste qui, par sa finalité, constitue un défi au droit et comportera une sanction effective. A cela rien que de très équitable : il est des défensives plus malveillantes, plus agressives que tels actes positifs ; condamnées par la morale sociale, elles doivent tomber sous le coup de la loi qui n'est que la révélation sensible de celle-ci. Il ne faut pas que les plus hautes questions puissent être abaissées au niveau des querelles de procédure et que la forme sous laquelle s'offre l'injustice désarme jamais la victime et la société.

Si la liberté contractuelle comporte des limites subjectives même envisagée dans sa face négative, à plus forte raison en appelle-t-elle lorsqu'elle affecte son aspect positif ; des abus peuvent être commis dans la conclusion des contrats, abus qui tous se rattachent aux mobiles qui ont incité les parties tant à contracter qu'à accepter les clauses de la convention.

Rationnellement, l'influence des mobiles devrait être prépondérante puisque l'acte juridique est essentiellement un acte de

(1) Trib. civ. Bordeaux, 14 décembre 1903 (S. 1905.2.17 avec une note de M. Ferron).

volonté : la qualité de la volonté, le but auquel elle tend devraient préoccuper au premier chef le législateur et le juge et décider du sort même de l'opération ; tant vaut la volonté mise en œuvre de part et d'autre, tant devrait valoir le contrat.

Nous sommes fort éloignés d'une telle organisation : par une conception, des plus fâcheuses à notre avis, le législateur de 1804 a réduit dans la limite du possible l'influence des mobiles auxquels ont obéi les contractants ; ils ne deviennent décisifs que dans des circonstances particulièrement graves et si leur illégitimité s'extériorise dans des manœuvres constitutives de violence ou de dol. Encore faut-il que ces manœuvres aient joué, dans la conclusion de l'opération, un rôle déterminant, sinon elles laissent le contrat intact et ne justifient, en faveur de la victime, qu'une demande en dommages-intérêts. Quant à la lésion, d'une part elle ne vicie pas, en principe, les contrats, d'autre part, lorsqu'elle comporte exceptionnellement cette sanction, elle agit indépendamment de tout mobile répréhensible chez celui qui en profite : elle a un caractère objectif très prononcé. Et ainsi, de tout le système dit des vices du consentement, il y a fort peu à retenir pour l'étude des mobiles auxquels ont obéi les contractants.

En réalité, toute l'importance assignée au mobile des actes juridiques par le droit français tient dans la théorie de la cause. Un contrat est nul lorsque sa cause est illicite, c'est-à-dire lorsqu'elle se présente comme contraire à la loi, aux bonnes mœurs ou à l'ordre public (art. 1133, C. civ.). Or la cause est sans nul doute une notion intentionnelle ; en la prenant en considération, le législateur apporte donc une limite subjective à la liberté des transactions : il interdit à la volonté autonome certaines orientations.

Mais cette théorie de la cause, telle que l'entend la doctrine, est encore singulièrement étroite. Dans l'opinion considérée comme traditionnelle, la cause n'est pas une volonté quelconque :

c'est le mobile immédiat qui a inspiré l'auteur de l'acte, mobile invariable pour une opération donnée et qui fait corps avec elle au point de n'en pouvoir pas être détachée sans qu'il s'ensuive une déformation. Dans les contrats synallagmatiques, ce sont les obligations assumées par les parties qui se servent réciproquement de cause ; dans le prêt, l'obligation de l'emprunteur trouve sa cause dans la remise des deniers qui lui a été effectuée ; pour la donation, la cause de l'obligation du donateur réside dans l'esprit de libéralité dont il est animé ; et ainsi, dans tous les cas, la cause est le mobile officiel qui ressort invinciblement de l'opération elle-même dont il est partie intégrante.

C'est là une conception singulièrement étroite, artificielle et grossière. Elle laisse en dehors du domaine juridique une foule de mobiles qui, parfois, auront cependant joué le rôle déterminant et qui, s'ils étaient pris en considération, imprimeraient à l'acte un caractère illicite et en détermineraient la ruine. Notre jurisprudence l'a depuis longtemps compris et c'est pourquoi, malgré les résistances de la doctrine, elle n'a pas hésité à asseoir la théorie sur des bases plus larges, à briser, pour l'agrandir, le cadre traditionnel. Fréquemment, elle frappe des transactions en retenant des mobiles qui, dans la conception doctrinale et classique, demeurent étrangers à la cause.

Ainsi fait-elle pour les libéralités, avec sa théorie de la cause impulsive et déterminante. Constamment, elle proclame la nullité des donations ou des legs lorsque le bienfaiteur s'est laissé guider par une pensée illicite, et cela au grand scandale de la doctrine qui objecte que toute libéralité a, par définition, pour cause unique et nécessaire l'intention libérale et qu'une telle intention, par son abstraction même, ne saurait être illicite. Pour les auteurs, ce sont là de simples motifs que nos tribunaux décorent inexactement du nom de cause ; quoi qu'il en soit, la jurisprudence en arrive ainsi à frapper, soit les libéralités affectées de conditions illicites, soit celles qui, sans rentrer

dans cette catégorie, révèlent par leur teneur même l'illégitimité
de la pensée à laquelle le bienfaiteur a obéi (1).

Mais ce n'est pas seulement aux libéralités qu'elle applique
sa large conception de la cause : c'est aussi à certains contrats
à titre onéreux et notamment au prêt d'argent. La Cour de Paris
a annulé une opération de ce genre sous le prétexte que la
somme empruntée avait, dans la pensée des contractants, une
destination illicite. Voy. Paris, 26 janvier 1894, approuvé par
Cass., 1er avril 1895 (D. 1895.1.263, S. 1896.1.289) ; Cass.,
4 juillet 1892 (D. 1892.1.500).

Notre jurisprudence a donc une tendance manifeste à tenir
compte des mobiles extrinsèques au contrat, qui ne se sont pas
cristallisés en lui, et par là même une tendance à élargir la
théorie de la cause. En ce faisant, elle obéit au besoin légitime
de remonter, pour apprécier un acte de volonté, jusqu'à cette
volonté même ; elle s'engage dans la voie suivie par le législateur allemand ; elle recherche et réprime les abus auxquels peut
donner lieu, dans sa réalisation, le principe de l'autonomie de
la volonté auquel elle assigne une finalité comme en comporte
toute règle, toute prérogative juridique (2).

II. — *Abus commis dans l'exécution des contrats.*

C'est dans cet ordre d'idées, peut-être, que les abus se con-
çoivent le moins aisément. Le créancier peut exiger l'exécution
de la dette, le débiteur doit en payer le montant ; on a peine à

---

(1) Ainsi la jurisprudence atteint-elle les libéralités adressées à un
enfant adultérin ou incestueux : Cass., 29 juin 1887 (D. 1888.1.295).

(2) Le législateur n'obéit-il pas à une préoccupation du même genre
lorsqu'en instituant l'action Paulienne il entend frapper les actes conçus
dans une pensée de fraude, comme lorsque, réglementant la cession
de droits litigieux, il soumet le cessionnaire à la menace du retrait à
moins que sa conduite ne s'explique par une des circonstances prévues
à l'article 1701 et qui fonctionnent comme autant de motifs légitimes ?

comprendre que de telles prérogatives comme de tels devoirs puissent laisser place à un abus quelconque.

Cependant, il ne sera pas inutile de constater que, d'après l'article 1134, 3e alinéa, du Code civil, « les conventions doivent être exécutées de bonne foi ».

A cette conception équitable se rattachent un certain nombre de textes, tel l'article 1246 qui stipule que « si la dette est d'une chose qui ne soit déterminée que par son espèce, le débiteur ne sera pas tenu, pour être libéré, de la donner de la meilleure espèce ; mais il ne pourra l'offrir de la plus mauvaise » ; tel aussi l'article 1244 qui, dans son deuxième alinéa, autorise le tribunal à accorder au débiteur malheureux un délai de grâce ; le créancier ne pourra donc pas user de son droit, inexorablement, jusqu'au bout ; l'autorité judiciaire le rappellera à des sentiments plus humains, à une application plus sociale du contrat.

Mais l'affirmation judiciaire la plus remarquable de ce point de vue émane, croyons-nous, de la Cour de cassation : elle se rattache aux rapports qui s'établissent entre les compagnies de chemins de fer et le propriétaire d'un embranchement particulier reliant son usine au réseau. Les tarifs en vigueur fixent les conditions dans lesquelles la compagnie doit fournir au propriétaire de l'embranchement les wagons qu'il réclame pour le transport de ses produits, et notamment les conditions de délai ; la compagnie bénéficie d'un laps de temps déterminé pour satisfaire aux demandes qui lui sont adressées. Il semble donc que, si les wagons sont mis à la disposition de l'industriel dans les délais de rigueur, la compagnie soit en règle et échappe à toute responsabilité : tel est effectivement le principe que pose la Cour suprême. Mais elle y apporte aussitôt un tempérament ; elle admet que la compagnie pourrait, même ayant respecté les délais impartis, encourir une condamnation aux dommages-intérêts : « s'il était établi que, dûment averti, elle eût

abusé des latitudes qui lui sont accordées pour la fourniture des wagons, et causé ainsi un préjudice au propriétaire de l'embranchement » (1).

Ce n'est là qu'un simple motif de l'arrêt ; mais son importance extrême ne saurait échapper à tout esprit impartial. Pour la première fois peut-être il est proclamé qu'un débiteur peut encourir une responsabilité bien qu'il soit demeuré exactement dans les limites objectives où le contrat avait enfermé son obligation : même la parole donnée ne doit pas pouvoir servir de rempart à la malice ou à la mauvaise foi.

III. — *Abus commis dans la résiliation des contrats*.

Il est des contrats qui, échappant à la loi commune, sont susceptibles de se dissoudre par une manifestation unilatérale de volonté ; chacune des parties a le droit de dénoncer le pacte malgré qu'il soit le fruit de la collaboration de plusieurs volontés.

Ce droit se présente comme absolu ; le contractant qui en use est sûr, semble-t-il, de l'immunité, quel que soit d'ailleurs le mobile qui l'inspire. Exerçant une prérogative précise, formelle, il doit pouvoir se couvrir de l'adage : *Neminem lædit qui jure suo utitur*, et effectivement le locataire qui, conformément au contrat, donne congé au bailleur, agit dans la plénitude de son droit contractuel : on ne saurait songer à lui demander compte des motifs qui lui dictent sa résolution.

Mais le droit de résiliation unilatérale n'affecte pas toujours ce caractère absolu ; dans telle de ses applications, il a été proclamé par la loi ou par la jurisprudence susceptible d'abus, et certaines orientations lui demeurent interdites.

1. — Le *mandat* nous en offre, à lui seul, le double témoignage. Il peut prendre fin par la seule volonté du mandant

1, Cass., 7 mai 1902 (*Gaz. Pal.*, 10 juin 1902).

comme par celle du mandataire ; or, dans l'une comme dans l'autre de ces éventualités, le droit de résiliation est subjectivement limité.

Du côté du mandant, cependant, nul texte ne vient causer, si peu que ce soit, la facilité de dénoncer le contrat. Bien au contraire, l'article 2004 du Code civil affirme que « le mandant peut révoquer sa procuration quand bon lui semble... » N'est-ce pas le droit de révocation *ad nutum* que consacre ce texte ? La jurisprudence ne l'a point pensé ; elle estime que le mandant engage sa responsabilité lorsqu'il use de la faculté de révocation de façon intempestive, injustifiable, sans motifs légitimes. Déjà la Cour de Douai avait adopté implicitement ce point de vue dans un arrêt de 1891 (1) ; quelques années plus tard, la Cour de Lyon décidait plus formellement que le mandant ne saurait révoquer impunément son préposé de façon brusque, intempestive : réparation est due du *préjudice injuste* causé au mandataire par une décision dont la brusquerie ne s'explique par aucun motif plausible (2).

De son côté, le mandataire peut se retirer du contrat ; il a un droit de renonciation qui équilibre le droit de révocation appartenant au mandant (art. 2007, 1ᵉʳ al.), mais qui, pas plus que lui, ne comporte un exercice absolu. Et ici, c'est la loi même qui, dans l'article 2007, 2ᵉ alinéa, trace au droit de résiliation le chemin qu'il pourra suivre impunément. Le mandataire échappe à toute responsabilité à raison de sa décision si la continuation du mandat eût été de nature à lui causer un préjudice considérable ; en dehors de cette circonstance, l'exercice du droit de résiliation le rendra passible de dommages-intérêts : il aura donc dégénéré en abus. La perspective d'un préjudice considérable constitue ici le motif légitime qui doit guider le man-

(1) Douai, 20 avril 1891 (D. 1892.2.51).
(2) Lyon, 6 avril 1895 (D. 1895.2.431).

dataire et qui seul peut lui assurer l'immunité dans la réalisation de son droit.

2. — La *société*, elle aussi, comporte la dissolution unilatérale,
du moins lorsqu'elle est conclue pour une durée illimitée ; il
dépend de chacun des associés d'y mettre fin par un acte de sa
seule volonté (art. 1865, 5ᵉ al. et 1869). Mais ce dernier texte
apporte aussitôt une limitation à l'exercice du droit de renonciation : « pourvu que cette renonciation soit de bonne foi, et
non faite à contre-temps ». Or, la jurisprudence se fait de
la renonciation de mauvaise foi une conception bien plus
large que celle qui est autorisée par l'article 1870 d'après lequel : « La renonciation n'est pas de bonne foi lorsque l'associé
renonce pour s'approprier à lui seul le profit que les associés
s'étaient proposé de retirer en commun. » Nos tribunaux se
reconnaissent en effet le pouvoir de rechercher dans toutes les
circonstances de la cause les éléments constitutifs de la mauvaise foi, et par exemple dans cette particularité que la renonciation est inspirée par le désir de se soustraire au paiement
des cotisations dont l'associé est redevable envers la société (1).
D'une façon générale, l'illicéité du mobile dénonce l'abus du
droit et enlève à la renonciation toute son efficacité.

3. — Mais c'est le *contrat de louage de services à durée indéterminée* qui constitue actuellement le champ de réalisation par
excellence de l'abus du droit de résiliation unilatérale. Sous
l'empire même du Code civil, et malgré le silence des textes,
la jurisprudence et la doctrine reconnaissaient à chacune des
parties la faculté de mettre fin au contrat par une simple manifestation de volonté ; mais les Cours d'appel et la Cour de cassation avaient cru devoir apporter à l'exercice de cette prérogative des conditions d'ordre subjectif. Notamment, elles
n'admettaient pas le patron à dissoudre brusquement l'acte

<hr>

(1) Nancy, 19 mars 1892 D. 1893.2.21).

juridique par un congé subit, à moins que la précipitation de sa décision ne se justifiât par de bonnes raisons : c'était déjà, timide il est vrai, la notion de l'abus du droit de résiliation qui faisait son apparition dans la pratique.

Le législateur a pu se montrer plus hardi ; par la loi du 27 décembre 1890, il a consacré et développé l'idée contenue en germe dans les arrêts de la Cour suprême : l'article 1780 du Code civil, modifié par cette loi, décide dans son troisième alinéa que la résiliation du louage de services à durée indéterminée « peut donner lieu à des dommages-intérêts ». Et, à travers les divergences de commentaires, une interprétation s'est fait jour et s'impose avec une autorité de plus en plus décisive : ce que le législateur de 1890 a voulu frapper civilement, c'est, non seulement la résiliation brusque, intempestive, déjà condamnée antérieurement par la jurisprudence, mais aussi le congé donné sans motif sérieux, par méchanceté, malveillance ou simple caprice, le renvoi injustifié, abusif, sans motif légitime. Le motif légitime ? Il en fut constamment question au cours de l'élaboration de la loi de 1890 ; on rencontre ces expressions dans la bouche de M. Léon Renault (1) comme dans celle de M. Tolain (2) ; on les retrouve jusque dans l'œuvre législative même : car la loi du 18 juillet 1901, destinée à garantir leur emploi aux réservistes et aux territoriaux appelés à faire une période d'instruction militaire, parle, dans son article 2, de dénonciation du contrat de louage de services *« pour une autre*

---

(1) Séance du 25 novembre 1890, au Sénat. « Que veulent dire ces mots : *peut donner lieu à des dommages-intérêts ?* Ils ne peuvent avoir qu'une seule signification, c'est qu'il y aura lieu à des dommages-intérêts si la rupture du contrat, voulue par une seule des parties contractantes, n'est pas appuyée de motifs légitimes ; car, en dehors de cette interprétation de la disposition ajoutée par le projet de loi à l'article 1780, il n'y en a pas d'autre que la raison puisse concevoir, que la conscience puisse supporter. »

(2) Sénat, séance du 4 décembre 1890 (*J. off.*, p. 1131, col. 3).

cause légitime », s'en référant évidemment par là au troisième alinéa de l'article 1780 (nouvelle rédaction) dont elle fournit ainsi le commentaire le plus autorisé et le plus décisif. Au reste, la jurisprudence est bien fixée sur le principe : c'est l'absence de motifs légitimes qui est constitutif de l'abus du droit de résiliation et qui expose donc la partie congédiante à des dommages-intérêts. — Voy. Cass., 22 et 28 juillet 1896 (D. 1897.1.401).

La limitation apportée au droit de résiliation par le législateur même est donc d'ordre franchement subjectif : ce droit ne peut être mis au service que de mobiles plausibles ; il est causé, de façon moins précise sans doute que par d'autres législateurs qui ont énuméré limitativement les motifs légitimes de congé, mais aussi de manière plus souple, en laissant aux tribunaux un pouvoir d'appréciation qui leur permettra d'éprouver constamment la valeur des mobiles invoqués en les mettant en contact avec le critérium social, lui-même si fugitif et si variable.

4. — Des réflexions de même nature sont suggérées par l'étude de la jurisprudence sur la *rupture des fiançailles*. La Cour de cassation ne reconnaît à la promesse de mariage aucune valeur juridique ; son inexécution ne saurait donc, par elle-même, légitimer une demande de dommages-intérêts de la part du fiancé délaissé (1). Mais nos tribunaux n'en admettent pas moins que les circonstances dans lesquelles la rupture s'est produite sont de nature à engager la responsabilité de celui dont elle émane. C'est un droit pour le fiancé de se retirer, mais un droit qui est susceptible d'abus, et la jurisprudence comme les auteurs n'hésitent pas à identifier l'abus avec l'absence de motifs légitimes : « Celui qui abandonne sans motif légitime un projet de mariage, écrivait déjà Demolombe, peut certainement causer à l'autre un dommage très réel : il doit être tenu de le réparer : c'est là une des applications les plus naturelles et les plus légi-

1) Cass., 12 novembre 1901 (D. 1902.1.46).

times de notre article 1382. » Et pareille opinion se dégage
sans peine d'une foule de solutions jurisprudentielles (1).

Nous serions tenté d'adresser cette à conception dominante un
reproche, d'ailleurs purement théorique : en affirmant, d'une
part que les fiançailles n'ont aucune espèce de force obligatoire,
d'autre part que la rupture, jointe aux circonstances dans lesquelles elle intervient, peut être génératrice de responsabilité,
les auteurs et les arrêts ne commettent-ils pas une contradiction manifeste ? Ou bien la promesse de mariage est dénuée de
toute efficacité et alors on ne voit pas comment son inobservation pourrait devenir la source d'une responsabilité quelconque ; ou bien cette inobservation engage la responsabilité du
fiancé qui se retire et alors c'est que les fiançailles le liaient, au
moins dans quelque mesure. Et, cette mesure, il n'est pas difficile de la déterminer : les fiançailles sont bien un contrat véritable mais qui, à l'exemple de bien d'autres, comporte la faculté
de résiliation unilatérale, chacune des parties pouvant se retirer. Seulement, cette faculté de résiliation ne constitue pas un
droit absolu ; elle est susceptible d'abus, comme dans le louage
de services, comme dans le mandat, et l'abus, ici comme partout,
ressortira de l'absence de motifs légitimes. Le fiancé délaissé
peut réclamer des dommages-intérêts à la condition d'établir que
la parole donnée a été reprise sans motif légitime, abusivement.
Cette construction de la responsabilité du fiancé la sauve du
reproche de contradiction encouru par le point de vue jurisprudentiel ; c'est pourquoi elle nous paraît plus scientifique bien
qu'également respectueuse de l'ordre public et de la liberté du
consentement requis pour le mariage.

Quel que soit le point de vue adopté, il reste toujours ceci que
la rupture de la promesse de mariage, qu'on considère celle-ci

(1) Cass., 16 janvier 1877 (D. 1877.1.88) ; Dijon, 27 mai 1892 (D.
1893.2.183) ; Trib. civ. Nantes, 11 février 1895 (*Gaz. Pal.*, 1895.1.29).

comme dénuée de toute valeur ou qu'on l'estime juridiquement
obligatoire, est susceptible, par l'abus qui en est fait, d'engager
la responsabilité de celui dont elle émane.

Le principe est donc tout à fait général : la résiliation unilatérale d'un contrat, même dans les cas où elle est formellement
autorisée par la loi, constitue rarement un droit absolu. Les
parties contractantes peuvent bien s'évader de la convention,
mais à la condition d'avoir, pour ce faire, des motifs légitimes,
— et c'est le juge qui appréciera cette légitimité.

CHAPITRE III

Nous sommes désormais en possession d'éléments suffisants pour tenter d'édifier, non pas à l'aventure et au hasard de l'imagination, mais sur des bases positives et concrètes, une théorie générale de l'abus des droits : il nous suffira de dégager des décisions jurisprudentielles que nous avons signalées le système auquel elles se rattachent et dont elles impliquent l'existence.

Ce système apparaîtra dans toute son ampleur lorsque nous aurons examiné les points suivants :

1° Elément constitutif de l'abus d'un droit ;

2° Réalisation pratique, sanction de l'abus des droits ;

3° Examen critique de la notion de l'abus des droits ; sa place dans la théorie générale de la responsabilité.

§ 1. — Élément constitutif, critérium de l'abus d'un droit.

Puisque tout individu qui abuse d'une prérogative engage par là même sa responsabilité à raison des dommages causés par la direction anormale qu'il a imprimée à son activité, il est d'un intérêt constant de rechercher les signes qui distinguent l'usage régulier de l'usage abusif et de fixer, avec le maximum de précision, le critérium de l'abus des droits.

Nous n'avancerons, dans cette tâche délicate, que très prudemment et par étapes successives.

I. — L'examen des solutions jurisprudentielles nous fournit un point de repère précieux qui nous évitera bien des tâtonnements

et des scrupules, à savoir le caractère essentiellement subjectif
de l'abus des droits. Cette notion se caractérise, non par les résultats de l'acte accompli, mais par le mobile qui l'a fait accomplir, — non par l'intensité du dommage causé à autrui, mais
par l'état d'âme de l'agent ; l'action humaine est ici étudiée en
tant que phénomène de volition : c'est le but poursuivi qui constitue et qui dénonce l'abus (1).

Cette organisation subjective a soulevé, dans la doctrine, des
critiques très vives ; **M.** Saleilles, notamment, en a signalé tout
le danger : « Rien n'est plus dangereux, en effet, ou sinon rien
n'est plus inutile, que de vouloir s'en remettre uniquement à la
psychologie individuelle du soin de fournir le critérium de l'a-
bus de droit : il n'est personne qui ait, en pareil cas, l'ingénuité
d'avouer qu'il n'avait d'autre but que de nuire à autrui. Il sera
toujours facile d'alléguer un intérêt individuel. » Pour l'éminent
auteur, l'abus de droit ne saurait être qu'une notion d'ordre
objectif : « La véritable formule serait celle qui verrait l'abus de
droit dans l'exercice anormal d'un droit, exercice contraire à la
destination économique ou sociale du droit subjectif..... » (2).
Et **M.** Gény ne pense pas autrement lorsqu'il écrit : « Je suis,
quant à moi, plutôt porté à croire que l'on ne découvrira la mesure, juste et vraie, des droits individuels, qu'en scrutant leur

---

(1) Ce n'est pas à dire qu'on ne puisse citer des décisions où les
expressions « abus d'un droit » ne soient prises dans un tout autre sens,
improprement à notre avis : mais la proposition émise au texte indique
exactement la tendance dominante parmi les arrêts ; les hésitations, les
flottements sont assez rares pour qu'on puisse les négliger dans l'exposé
du principe, d'autant plus qu'ils affectent la terminologie bien plutôt que
le fond même du droit.

(2) Saleilles, *Théorie générale de l'obligation*, p. 370, note 1, dans la
2ᵉ édition. L'auteur s'est d'ailleurs rallié récemment au critérium subjectif. Voy. son rapport à la première sous-commission de la commission de revision du Code civil. dans le *Bulletin de la Société d'études
législatives*, 1905, p. 325.

but économique et social, et en comparant son importance à celui des intérêts qu'ils contrarient » (1). L'élément constitutif de l'abus serait donc, au gré de ces auteurs, l'*anormalité* de l'acte accompli, quel que fût d'ailleurs le mobile auquel l'agent eût obéi.

Ce système a d'abord le grave tort de ne point s'harmoniser avec les solutions jurisprudentielles que nous avons rapportées et qui ont été rendues sous l'influence dominante d'une conception subjective de l'abus des droits : il n'est donc pas possible d'y voir l'expression actuelle de notre droit et c'est en législation seulement que son mérite doit être discuté.

Or, même dans ce cadre limité, la théorie de MM. Saleilles et Gény encourt des reproches dont la gravité nous paraît décisive.

Elle a notamment cette malchance de rompre l'harmonie qui, dans la conception subjective, s'établit heureusement entre la notion de l'abus des droits et la notion voisine, symétrique même, du détournement de pouvoir en droit administratif. Celle-ci est incontestablement le modèle et le prototype de celle-là (2). Or, son caractère subjectif ne fait aucun doute. Ce qui caractérise le détournement administratif c'est la déviation que le fonctionnaire a imprimée à ses pouvoirs (3), c'est-à-dire un élément d'ordre intentionnel. Et dès lors, on ne voit pas comment la notion de l'abus du droit pourrait être objective ; on ne comprendrait pas que la théorie du droit privé fût d'une autre constitution que celle du droit public sur laquelle elle

---

(1) Gény, *Méthode d'interprétation et sources en droit privé positif*, p. 544.

(2) Voy. Porcherot, *De l'abus du droit*, p. 150 ; et aussi, quoique moins affirmatif, M. Hauriou (note dans Sirey, 1905.3.17).— Voy. aussi Tissier, dans *Revue critique*, 1904, p. 509.

(3) Suivant la formule de M. Hauriou, il est sorti de « l'esprit de sa fonction », *Précis de droit administratif*, 5ᵉ édit., p. 590.

s'est modelée. Un même critérium doit leur être commun. En les soumettant à des étiages différents, MM. Saleilles et Gény introduisent la discordance là où la jurisprudence réalise, d'instinct, une heureuse symétrie.

Mais surtout ils favorisent une confusion des plus dangereuses entre deux catégories d'actes que nous avons opposées déjà et que nous distinguerons bientôt plus complètement : à savoir, d'une part, les actes accomplis dans une pensée antisociale, contraire à l'esprit de l'institution et par exemple méchamment, et d'autre part les actes qui, bien que se présentant comme l'exercice normal d'un droit, sont cependant susceptibles, par l'excès même du préjudice qu'ils déterminent, d'engager la responsabilité de leur auteur, tel celui du propriétaire qui installe sur son fonds une usine dont les vapeurs délétères nuisent aux récoltes avoisinantes. Ces deux catégories de situations se distinguent par une nuance où nous voyons un contraste : tandis que le premier propriétaire fait de son droit un usage scandaleux, inadmissible, abusif, tandis que son acte est atteint d'un vice originel, le deuxième exerce sa prérogative en demeurant dans l'esprit de l'institution car, par hypothèse, c'est dans un intérêt personnel qu'il agit ; seule, l'intensité du préjudice causé, élément d'ordre objectif et quantitatif, peut alors engager sa responsabilité en rompant l'équilibre des intérêts en présence ; l'acte envisagé en lui-même et indépendamment des conséquences plus ou moins fortuites qu'il détermine, n'a rien d'antisocial ; il est conforme aux prévisions du législateur ; il n'y a pas eu détournement, donc pas abus du droit de propriété, mais seulement dommage anormal et par conséquent injuste, causé par l'exercice légitime de ce droit.

A la différence de M. Saleilles, nous ne verrions donc pas un abus de droit dans le fait, pour une compagnie de chemins de fer, de causer aux riverains de la voie ferrée un dommage par les fumées que dégagent les locomotives, fût-il même établi que

la houille employée est de mauvaise qualité (1). La compagnie
qui a obtenu une concession et qui s'acquitte d'un service public oriente évidemment son droit dans la direction qui lui fut
assignée par les pouvoirs publics : loin d'en abuser, elle en use
très régulièrement,ce qui d'ailleurs ne l'empêche pas d'encourir
à l'occasion une certaine responsabilité, le risque étant la rançon
de toute action humaine, si licite, voire même si méritoire qu'on
la suppose. Agir c'est risquer, mais ce n'est pas nécessairement
faire de son activité un emploi antisocial et abusif.

A cette conception subjective de l'abus des droits ses détracteurs opposent une objection pressante : elle autorise et elle
oblige le juge à des recherches d'intention extrêmement délicates. Or, ces recherches seront à la fois inutiles et dangereuses : inutiles, en ce sens que rien ne sera plus aisé à l'agent que
d'échapper à toute responsabilité en alléguant un intérêt individuel, — dangereuses aussi, puisque les tribunaux pourront
violenter le for intérieur de chacun et assigner arbitrairement
à nos actes tel ou tel mobile constitutif de l'abus d'un droit.

De ce double reproche, c'est évidemment le premier qui paraît à M. Saleilles le plus décisif : le juge est impuissant à pénétrer la pensée intime de chacun ; les recherches psychologiques seront vaines et vaine comme elles sera donc la théorie de
l'abus des droits ramenée à un critérium subjectif.— Et cependant que de recherches subjectives la loi n'impose-t-elle pas
au juge dans les ordres d'idées les plus variés et par les textes
les plus précis ! Qu'on veuille bien se rappeler seulement le rôle
capital joué, en matière de possession, de propriété, de paiement
de l'indû, etc. etc., par la bonne ou par la mauvaise foi des parties en présence ; qu'il s'agisse de mariage, de droits réels,
d'obligation, de responsabilité, la question de bonne ou de
mauvaise foi domine les rapports juridiques et solutionne les

____

(1) Saleilles, *Théorie générale de l'obligation*, p. 370, note 1.

litiges (1) : en vérité, la bonne foi crée le droit. Or, n'est-elle pas, au premier chef, une notion d'ordre subjectif ? Son appréciation n'implique-t-elle pas, de la part du juge, des recherches psychologiques extrêmement délicates ? Il y procède cependant et journellement ; c'est donc qu'elles ne sont pas fatalement infructueuses et que lui-même n'est pas inapte à y procéder. L'appréciation des mobiles qui guident un propriétaire ou un plaideur n'est pas plus subtile que celle de la psychologie de l'acheteur qui traite avec un insolvable ; cependant, chaque jour le juge s'inquiète de cette psychologie puisqu'elle tient sous sa dépendance les résultats de l'action Paulienne intentée par les créanciers du vendeur.

Mais il y a mieux ; voilà des siècles que les juges français réalisent une tâche autrement délicate que celle que nous revendiquons pour eux : chaque jour, ils ont à trancher des questions de responsabilité et, par conséquent, d'imputabilité ; chaque jour ils recherchent si telle personne a commis une faute, travail laborieux et subtil entre tous puisque jamais auteur n'a pu donner de cette notion de faute, sorte de péché juridique, une définition satisfaisante et qui résistât à un examen sérieux (2). La notion du mobile est, au contraire, d'une parfaite précision ; demander au juge de rechercher si les ouvriers qui se sont mis en grève ont été guidés dans cette résolution par le souci de leurs intérêts professionnels, ou si l'auteur d'un article a poursuivi un but désintéressé, ou si un plaideur agit par esprit de chicane, ce n'est pas lui poser une énigme et réclamer de lui un oracle ; c'est lui soumettre une question précise que son bon sens, sa perspicacité lui permettront, dans l'immense majorité des cas, de solutionner à coup sûr. Nos conseillers d'Etat ne résolvent-ils pas

(1) Voy. Emm. Lévy, *Responsabilité et contrat*.

(2) Voy. une étude posthume de M. Léon Michel dans la *Revue critique* de 1901, p. 592, p. 605 et suiv.

une difficulté du même genre, presque identique, lorsque, saisis d'un recours pour excès de pouvoir, ils décident si l'administrateur a détourné du but légitime les fonctions qui lui furent confiées ?

Mais, objecte-t-on alors, combien il sera aisé à l'auteur de l'acte de l'innocenter ! Il lui suffira d'alléguer un intérêt individuel.

La réponse est double : d'abord cette allégation pourra être contrôlée ; les tribunaux ne sont pas tenus d'accepter comme parole d'Evangile toutes les affirmations des plaideurs : leur rôle consiste précisément à en vérifier l'exactitude et il arrivera fréquemment que des circonstances très précises établiront la déviation du droit exercé. Tel propriétaire qui pompe constamment les eaux d'un puits qu'il a fait creuser sur son fonds et qui, loin de les utiliser, les laisse se perdre en totalité, pourra difficilement, s'il est actionné en indemnité par le voisin dont la source est tarie grâce à cette pratique injuste, se retrancher derrière un intérêt individuel dont l'absence est démontrée jusqu'à l'évidence. A quoi il convient d'ajouter (et c'est la seconde réponse que nous ferons à l'objection présentée) que la preuve même d'un intérêt individuel ne suffira pas nécessairement à justifier l'acte accompli ; elle aura bien ce résultat s'il s'agit d'un droit dont l'intérêt individuel constitue précisément le ressort (propriété individuelle, droit de recourir aux voies légales), mais non pas s'il est question d'un droit à fondement altruiste (puissance paternelle, maritale, liberté de la presse). Ici, l'agent aura beau alléguer et prouver l'intérêt individuel, il n'échappera pas à la responsabilité ; bien au contraire, il affirmera cette responsabilité en dénonçant lui-même le mobile antisocial qui l'a guidé, la direction anormale où il a aiguillé son droit.

L'abus des droits est donc une notion d'ordre essentiellement subjectif ; c'est le mobile de l'agent qui en est l'élément constitutif. La valeur de cette conception, qui compte dans la doctrine des partisans tels que M. Charmont (1), se trouve vérifiée, non seulement par la masse des arrêts intervenus, mais par les textes des mouvements législatifs étrangers. Le Code civil allemand, comme le projet du Code civil fédéral suisse, font de l'abus des droits une notion à base de volonté, plus exactement à base d'intention (2). Volonté, intention, n'est-ce d'ailleurs pas la trame dont sont tissées toutes les institutions juridiques du droit privé ?

Après cela, nous reconnaissons qu'il convient de se garder des exagérations et que le point de vue subjectif ne saurait, à lui seul, résoudre le problème de l'abus des droits. Car, lorsque le juge a pénétré le mobile qui a inspiré l'acte dommageable, sa tâche n'est pas accomplie ; il lui reste à savoir si ce mobile est légitime ou non. Et, pour résoudre ce problème, il devra, de toute nécessité, s'en référer à l'esprit de l'institution tel qu'il est révélé, soit par le texte, soit par les conditions dans lesquelles le droit a été institué, soit par les travaux préparatoires, soit enfin et surtout par l'état social, les mœurs, les aspirations du présent, c'est-à-dire en définitive par un critérium objectif. Le mobile individuel qui a inspiré l'acte sera éprouvé en prenant le contact avec le milieu où il s'est réalisé. Et à cela nulle contradiction ; l'abus des droits est une notion sociale qui implique la recherche des mobiles individuels ; elle est une théorie qui fait passer au crible social les actes des individus (3).

(1) *L'abus du droit*, dans la *Revue trimestrielle de droit civil*, 1902, p. 113.

(2) Articles 226 et 826 du Code civil allemand ; article 3 du projet du Code civil suisse. Nous avons cité ces textes *suprà*, p. 12 et suiv.

(3) Cette constatation est de nature, croyons-nous, à justifier le législateur allemand du reproche de contradiction qu'on lui a adressé en cette matière. On a prétendu que l'article 226 du nouveau Code civil aurait adopté le critérium purement subjectif, alors que l'article 826, en parlant de « fait contraire aux bonnes mœurs », se référerait à un

II. — Il ne suffit pas de constater que l'abus du droit est une
notion éminemment subjective qui se caractérise par le mobile
auquel a obéi l'auteur de l'acte dommageable. Encore faut-il préciser la nature de ce mobile, déterminer exactement la volition
qui imprimera au droit une impulsion irrégulière et qui rendra
donc son exercice générateur de responsabilité parce qu'abusif.

Il faut s'attendre, sur une pareille question qui relève de la
psychologie et de la morale autant que du droit, à dénombrer
une foule d'opinions ; et effectivement, tous les procédés de dosage, depuis les plus grossiers jusqu'aux plus subtils, ont trouvé
des partisans.

Il est cependant possible de découvrir, dans la mêlée confuse
des opinions, une mesure qui rallie la grande majorité des suf-
frages, non seulement parmi les partisans de la théorie de l'a-
bus, mais aussi chez la plupart de ceux qui dénient à cette
théorie toute individualité. Il est en effet un mobile que chacun
dénonce comme incompatible avec une saine réalisation des
droits : c'est l'intention de nuire. Sauf des protestations demeurées isolées, on s'accorde à reconnaître qu'il serait intolérable que les prérogatives légales pussent jamais servir d'armes à
la malveillance, à la malice, à la mauvaise foi. La fraude, qui
vicie tous les actes, qui fait cesser l'application de toutes les règles juridiques, ne doit pas pouvoir se donner libre carrière
sous l'égide trop complaisante des droits ; elle doit être frap-
pée impitoyablement, sinon c'est le droit lui-même qui, mis
au service de desseins antisociaux, indignement parodié par

<hr>

critérium objectif. La contradiction a été signalée, soit en France (par
M. Saleilles notamment), soit en Allemagne. Nous ne pensons pas
qu'elle existe : d'une part, l'article 226 proclame la nécessité des recherches subjectives ; mais, d'autre part, il faut bien, une fois que ces
recherches ont abouti, contrôler le mobile de l'agent, désormais connu,
en le rapprochant des mœurs, du milieu social et économique ambiant,
et c'est ce que nous dit l'article 826.

ses dépositaires, risquerait de sombrer sous le coup de cette profanation ; c'est de toute antiquité que le péril a été compris et conjuré ainsi que l'atteste la maxime traditionnelle : *malitiis non est indulgendum*. Ce n'est pas pour nous permettre de nuire à autrui que les droits nous ont été conférés et que l'exercice nous en est assuré par les pouvoirs publics : toute intention malveillante est nécessairement antisociale, contraire à l'esprit de l'institution et par conséquent constitutive d'abus (1).

Tout au plus y aurait-il lieu de signaler des hésitations de détail sur le point de savoir si l'intention de nuire doit, pour être retenue comme constitutive d'abus, représenter le mobile unique auquel a cédé l'agent ; on pourrait trouver, soit dans le texte de certains arrêts, soit dans les conclusions émises par quelques magistrats, des formules qui reproduisent une telle exigence. En réalité, elles n'ont pas la portée qu'on serait tenté de leur attribuer (2) ; ceux dont elles émanent n'avaient pas la pensée de fixer dans une définition lapidaire et exclusive le critérium de l'abus des droits : c'est ainsi que le procureur général Ronjat, dans les remarquables conclusions que lui suggéra l'affaire fameuse du Syndicat de Jallieu, affirme, dans la même phrase, d'une part que l'usage d'un droit cesse d'être licite « lorsqu'il a pour unique mobile de nuire à autrui », et d'autre part, qu'on ne saurait user de son droit que « pour la protection et la sauvegarde d'un intérêt légitime ». La généralité de cette dernière formule enlève à la précédente la signification exclusive qu'on voudrait lui attribuer tout d'abord. En bonne logique, l'intention de nuire vicie l'acte et constitue l'abus du moment qu'elle représente le mobile principal, déterminant, auquel l'agent a obéi. Peu importe qu'autour d'elle viennent graviter d'autres

(1) En ce sens, tous les auteurs, ou presque, qui se sont occupés de la question, et toutes les décisions jurisprudentielles citées dans le chapitre II.

(2) Voy. cependant la note de M. Ferron dans Sirey, 1905.2.17.

mobiles qui n'ont jamais joué, dans la détermination prise, qu'un rôle de second plan ; assez ordinairement, parmi les raisons qui entraînent une volonté, il en est une qui se détache nettement des autres et qui colore notre acte : au cas où cette raison serait malicieuse ou malveillante, elle devrait suffire à vicier notre décision et à engager notre responsabilité (1).

Il suffit de se reporter aux décisions judiciaires analysées ou citées dans le chapitre II pour se convaincre que, pratiquement, l'intention malveillante est la forme par laquelle s'accuse très habituellement l'abus des droits. Sans exagération aucune, on peut dire que les neuf dixièmes des jugements ou des arrêts intervenus en cette matière relèvent chez l'auteur de l'abus une volonté nocive. Est-ce à dire que, seule, cette volonté puisse constituer l'abus et qu'en elle se résume toute la théorie, de telle sorte qu'il faille lier indissolublement les deux idées d'intention nocive et d'abus des droits ?

III. — Bien des auteurs le pensent... ou l'ont d'abord pensé. Leur réserve s'explique, soit par cette considération, dont ils ont été frappés nécessairement, que, dans l'immense majorité des cas, l'abus est constitué en fait par l'intention malicieuse : n'est-ce pas en effet une tendance de l'esprit humain de prendre le *plerumque fit* pour un principe constant, et d'identifier le fait normal avec la vérité absolue ? — Soit par un sentiment déjà noté et bien respectable : la crainte de l'arbitraire, ils craignent que le juge, s'il a pour mission de découvrir les mobiles autres

---

(1) Voy. en ce sens : Mongin, *Le droit de congé et le louage de services* (*Rev. crit.*, 1893).

Au contraire, l'article 226 du Code civil allemand exige que l'acte ne puisse avoir d'autre but que de nuire à autrui, et M. Saleilles s'inspire du même point de vue lorsqu'il se propose d'insérer dans nos lois la formule suivante : « Un acte dont l'effet ne peut être que de nuire à autrui, sans intérêt appréciable et légitime pour celui qui l'accomplit, ne peut jamais constituer un exercice licite d'un droit » (*Bulletin de la Société d'études législatives*, 1905, p. 345).

que l'intention de nuire, ne se livre à des recherches dangereuses pour la liberté des personnes et pour la sécurité des
transactions : « Si nous qualifions d'abusif tout usage d'un droit
qui nous choque ou qui nous déplaît, le droit lui-même ne pré-
sentera plus aucune sécurité. On se lassera bientôt de l'arbitraire du juge, et l'on reviendra par réaction à la règle romaine :
« *Neminem lædit qui jure suo utitur.*» C'est en 1898 que M. Charmont écrivait ces lignes (1) ; un magistral article paru sous la
même signature dans la *Revue trimestrielle* de 1902 nous laisse
croire que l'auteur ne les écrirait plus aujourd'hui : l'opportunité, l'essor irrésistible de la théorie de l'abus ne devaient pas
échapper à un esprit aussi averti des idées nouvelles et des
mouvements jurisprudentiels. La crainte de l'arbitraire du juge
ne saurait briser un élan comme celui dont se trouve animée
la jurisprudence contemporaine ; quoi qu'on fasse, les tribunaux
auront toujours à fixer des nuances souvent délicates et ténues,
à peser humainement des actions humaines.

Et comment pourrait-on s'en tenir à l'intention malicieuse
comme critérium de l'abus des droits puisque, suivant une conception traditionnelle, presque invariablement suivie, il est une
sorte de faute qui est assimilable au dol : la faute lourde, celle
que ne doit point commettre même un homme de sens médiocre ?
Entre les deux notions l'équipollence est classique et l'on ne
voit vraiment pas pourquoi elle cesserait ici. Suivant les idées
courantes en matière de responsabilité, celui qui commet une
faute lourde doit être traité comme s'il avait agi méchamment,
comme s'il s'était rendu coupable d'un dol. Dès lors, la faute
lourde, à l'égal de l'intention malicieuse, doit être constitutive
de l'abus des droits. C'est le principe que nous trouvons formulé
dans plusieurs arrêts et notamment, en ce qui concerne le droit
de recourir aux voies légales, dans une décision de la Cour de

(1) *Revue critique*, 1898, p. 145.

cassation que nous avons eu déjà l'occasion de citer ; la Cour suprême, après avoir posé le principe de la légitimité du recours aux voies judiciaires, ajoute qu'il en va différemment si ce recours est exercé : « abusivement, par malice ou par esprit de vexation, ou même par une erreur grossière équivalente au dol » (1). La conclusion à laquelle aboutit la Cour et qu'elle formule en des termes aussi nets se déduit nécessairement de ces deux prémisses certaines, d'une part que l'intention malicieuse est constitutive de l'abus de droit, d'autre part que la faute lourde est traditionnellement assimilée à la faute intentionnelle.

Alors va s'élargir la conception de l'abus des droits, plus considérablement même qu'on ne pourrait le supposer à première vue, car la faute lourde commise dans l'exercice d'un droit n'est point une éventualité chimérique : elle peut revêtir bien des aspects, mais notamment résulter de ce qu'un individu a exercé son droit de façon préjudiciable à autrui sans profit pour lui-même : on comprend parfaitement que je puisse, fût-ce au prix d'un dommage infligé à mon voisin, accomplir un acte de propriété qui me soit profitable, car si un droit m'a été concédé c'est afin que je l'utilise ; mais ce qu'on ne conçoit pas, c'est que je puisse, sans profit réel ni même possible, exercer mon droit de telle façon qu'il préjudicie à autrui. Car il y aurait alors un préjudice perdu, causé en pure perte, donc une faute lourde commise par le titulaire et qui engage, vis-à-vis de la victime, sa responsabilité ; il importe que la formule pessimiste de Montaigne ne soit pas encore dépassée et que le dommage de l'un se solde du moins par le profit de l'autre.

La Cour de cassation s'est assurément placée à ce point de vue lorsque, dans son arrêt du 10 juin 1902, elle a accordé une indemnité au propriétaire dont la source avait été tarie par les

(1) Cass., 11 juin 1890 (D. 1891.1.193).

travaux que le voisin avait exécutés, non pas malicieusement, mais inutilement, sans qu'il pût en retirer pour lui-même aucun profit (1).

Nous pouvons donc considérer, comme de jurisprudence actuelle, que la faute lourde est elle-même constitutive de l'abus des droits au même titre et dans la même mesure que l'intention malveillante.

Mais on ne saurait s'arrêter à cette nouvelle étape sans encourir le reproche d'inconséquence : la raison même qui a conduit la jurisprudence à faire de l'intention malicieuse, et par suite de la faute lourde, un élément constitutif de l'abus des droits, nous commande de reculer encore les bornes de la théorie. Car, pourquoi est-ce abuser de son droit que de l'utiliser méchamment ? Evidemment parce que c'est l'aiguiller dans une direction illicite, le faire dévier du but (*Zweck in recht*) que le législateur ou l'opinion publique lui ont assigné. Or, ce n'est pas seulement par une intention nocive que les particuliers peuvent ainsi s'insurger contre l'esprit même de l'institution et, sous le prétexte d'exercer un droit, se mettre hors le droit ; le mobile malicieux n'est pas le seul à être inopportun, à choquer l'ordre régulier des choses juridiques : tous les droits ont une destination, plus ou moins précise il est vrai. mais sans laquelle ils seraient condamnés, car, comme les races, comme les individus, ils sont appelés à disparaître dès lors qu'ils n'ont plus de raison de vivre. Et alors va s'élargir définitivement, en conformité de la raison et de l'équité, la notion d'abord ténue et vacillante de l'abus des droits. Un droit ne peut être réalisé impunément (et encore sous la réserve de la théorie du risque) qu'à la condition d'être mis par son titulaire au service d'un objectif licite, d'un motif légitime (2).

(1) Cass., 10 juin 1902 (D. 1902.1.454).
(2) M. Hauriou emploie une formule du même genre lorsqu'il déclare

Le *motif légitime* ! c'est bien là le critérium exact, définitif, la pierre angulaire de toute la théorie de l'abus des droits et que l'on retrouve à tout propos dans une foule d'arrêts, sous la plume des auteurs et jusque dans les textes législatifs. S'agit-il du droit de propriété ? La Cour de Colmar proclame qu'il ne saurait être exercé que pour la satisfaction d'un *intérêt sérieux et légitime* (1). En matière de mandat, c'est le tribunal de commerce de Lyon qui affirme que l'exercice du droit de révocation est susceptible d'engager la responsabilité du mandant qui en ferait usage « sans *cause légitime* » (2). Dans un ordre d'idées bien différent, c'est Demolombe qui considère comme possible de dommages-intérêts le fiancé qui « abandonne sans *motif légitime* un projet de mariage ». Quant au droit de résiliation du louage de services à durée indéterminée, les témoignages abondent : ce n'est pas seulement la Cour de cassation qui nous parle de *motif légitime* (3) ; ce sont aussi les orateurs des deux Chambres qui se sont montrés très explicites au cours des discussions soulevées par la préparation de la loi du 27 décembre 1890 ; c'est le législateur lui-même qui, dans la loi du 18 juillet 1901, se référant à son œuvre de 1890, évoque la notion de la « *cause légitime* ». Et enfin, pour tous les droits en général, c'est l'arrêt de la Cour de Colmar déjà mentionné qui, loin de restreindre à la propriété le concept de l'abus de droit par défaut de motif légitime, le généralise formellement à toutes les prérogatives ; c'est le procureur Ronjat qui, dans ses conclusions sur l'affaire du Syndicat de Jallieu, déclare qu'il est permis d'user de son droit, de tout son droit « pour la protection et la sauvegarde d'un intérêt légitime ».

que les droits ne doivent pas être exercés dans des buts « qui ne sont pas ceux du commerce juridique » (Note dans Sirey, 1905.3.17 .

(1) Colmar, 2 mai 1855 (D. 1856.2.9).

(2) Trib. com. Lyon, 16 juin 1893 (D. 1895.2.431).

(3) Cass., 22 juillet et 28 juillet 1896 (D. 1897.1.401 .

Intérêt légitime, cause légitime, motif légitime, exercice légitime d'un droit, ces formules reparaissent partout, à toute occasion, comme le *leitmotiv* qui caractérise et souligne toute cette théorie de l'abus des droits dont elles marquent à coup sûr les manifestations multiples. Et alors même qu'elles ne se font pas entendre expressément, elles se laissent trahir par la solution elle-même, par la forme sous laquelle elle intervient, si bien que l'on se surprend à les prononcer instinctivement. Motifs légitimes que les trois cas énumérés par l'article 1701 du Code civil dans lesquels le cessionnaire d'un droit litigieux échappe au retrait : les circonstances où vient s'encadrer son marché en constituent la légitimation. Motif légitime que celui qu'allègue le mandataire lorsqu'il renonce au mandat en montrant l'impossibilité où il se trouverait de le continuer sans éprouver de ce chef un préjudice considérable (art. 2007, 2ᵉ al.) ; en administrant cette preuve, il établit sa bonne foi, il se met à l'abri d'une accusation de malveillance et légitime sa décision. Motif légitime aussi que celui dont se couvre l'associé alors qu'il rompt le pacte social, afin d'établir sa bonne foi et d'échapper aux critiques de ses coassociés (art. 1869, C. civ.).

Ainsi s'illimite la théorie de l'abus des droits en liant ses destinées à la notion du motif légitime ; par là même elle s'assure, outre un rayonnement sur le droit tout entier, un avenir indéfini et une perpétuelle opportunité, car, suivant les besoins de l'époque et suivant les préjugés, conformément aux nécessités économiques et aux aspirations sociales, le motif légitime se modifiera ou même se transformera et avec lui la notion de l'abus des droits. Ordinairement, c'est dans le sens d'une plus grande précision que l'évolution se produira ; le progrès consiste à assigner aux prérogatives individuelles un sens toujours mieux déterminé, à le causer toujours plus exactement ; c'est ainsi que la liberté de contracter comme le droit de résilier unilatéralement certains contrats ont revêtu, au cours du siècle dernier, une physionomie plus précise, des limites subjectives leur ayant été assignées par la jurisprudence ou par la loi.

Grâce à cette flexibilité, le motif légitime fait de la notion de l'abus des droits une force évolutive de premier ordre, un instrument de progrès et d'assouplissement qui permet d'adapter aux besoins de la société toujours en marche des institutions vieillies mais, grâce à lui, sans cesse rajeunies. Les formes juridiques ne se figeront plus dans une immobilité qui leur serait bientôt mortelle ; elles gardent le contact avec le monde des réalités ; elles vivent et elles se réalisent dans le milieu pour lequel elles furent créées.

Ainsi comprise, la théorie de l'abus anime véritablement les droits en les causant ; elle convie le législateur, le juge et l'interprète à scruter les différentes prérogatives concédées aux individus pour en découvrir et en fixer le ressort. Et cet examen de conscience n'est pas pour demeurer stérile : il est bon de savoir l'essence des droits comme il importe de connaitre le tempérament des individus, afin de pressentir la direction dans laquelle doivent se poursuivre leurs destinées.

§ 2. — Réalisation pratique de l'abus des droits.

Le titulaire d'un droit en a abusé : comment, suivant quelles règles sa responsabilité sera-t-elle pratiquement mise en œuvre ? Quelle situation sera faite exactement à la victime de l'abus ?

La question doit être dédoublée. Il faut savoir :

1° Suivant quelles règles s'administrera la preuve ;

2° Quelle sera la nature de la satisfaction à laquelle la victime aura droit.

I. — *De la preuve.*

A qui incombera-t-elle ?

Et sur quoi portera-t-elle au juste ?

1° A qui la preuve incombera-t-elle ? Est-ce au demandeur en indemnité de prouver que le droit a été exercé sans motif légitime ? Ou bien le défendeur doit-il établir qu'il a usé régulièrement de son droit, conformément à l'esprit de l'institution ?

Les principes généraux en matière de preuve nous dictent la réponse : c'est au demandeur qu'il échoit de prouver que les éléments nécessaires au succès de ses prétentions se trouvent bien réalisés ; *actori incumbit probatio*. Il incombera donc par exemple au propriétaire dont la source a été tarie par des travaux exécutés sur le fonds du voisin de démontrer chez celui-ci l'intention malicieuse ; au mandataire de prouver que la révocation dont il est victime fut dictée au mandant par une pensée malveillante, etc. Décider autrement, mettre la preuve du motif légitime à la charge du titulaire du droit, reviendrait à ériger l'abus de droit à l'état de présomption alors que, comme la bonne foi, l'exercice normal des droits doit se présumer puisqu'il constitue la vérité pratique. La jurisprudence est bien fixée en ce sens ; nous nous bornons à renvoyer à la plupart des décisions judiciaires précédemment signalées.

On pourrait être tenté cependant d'adresser à cette solution, qui n'est que l'application pure et simple du droit commun, une objection tirée de la situation difficile où elle place le demandeur en indemnité victime d'un abus de droit : ne met-elle pas à sa charge la preuve de la non-existence, chez son adversaire, du mobile qui eût légitimé l'exercice du droit, c'est-à-dire une preuve négative, donc extrêmement malaisée à administrer ? N'est-il pas à craindre que les difficultés alors inhérentes à la réalisation pratique de l'abus des droits n'enlèvent à la théorie une bonne part de son efficacité ?

Le péril est presque totalement imaginaire : dans l'immense majorité des cas il n'en pourra même être question ; très ordinairement l'abus des droits est constitué par l'intention malicieuse : le demandeur en indemnité aura donc à faire une preuve d'ordre positif, celle de la malveillance. Et même lorsque l'abus ne coïncidera pas avec l'intention malicieuse, là preuve ne revêtira pas nécessairement une allure négative ; le demandeur démontrera que son adversaire, lorsqu'il exerçait son droit, était guidé par tel mobile lequel n'est pas le mobile légitime, par exemple par un mobile égoïste alors que le droit exercé a un ressort altruiste.

Au reste, il faut se garder de croire que les rôles des deux plaideurs soient inexorablement tranchés par la règle : *actori incumbit probatio*, que le demandeur doive tout prouver tandis que le défendeur se recueille dans une attitude constamment passive ; en réalité il y aura, de part et d'autre, échange d'arguments : les débats n'affecteront pas la forme d'un monologue débité par le demandeur, mais bien d'un dialogue entre les deux intéressés, le demandeur affirmant que son adversaire n'a agi que par méchanceté, le défendeur alléguant que son acte lui fut dicté par tel mobile lequel est légitime.

Ces considérations sont suffisamment décisives pour faire écarter toute réserve concernant le principe, à moins d'un texte formel (1). La maxime *actori incumbit probatio* doit recevoir son application quelle que soit la nature du droit dont il ait été fait abus et quand bien même ce droit serait celui de résiliation dans le contrat de louage de services à durée indéterminée. Vainement a-t-on prétendu mettre le fardeau de la preuve à la charge du patron qui devrait, lorsqu'il est actionné en indemnité par l'ouvrier congédié, établir l'existence d'un motif légitime de renvoi : cette prétention ne saurait s'expliquer que par le désir

____

(1) Ce texte existe pour la cession des droits litigieux : l'article 1701 du Code civil met à la charge du cessionnaire la preuve du motif légitime et présume donc chez lui l'intention illicite : c'est que les conditions mêmes dans lesquelles la cession est intervenue suffisent à la rendre suspecte et à faire présumer que le cessionnaire est un spéculateur impitoyable qui harcèlera sans merci le débiteur. La solution donnée par l'article 1701 se justifie donc par une particularité et ne saurait être généralisée.

de favoriser à tout prix l'une des parties en présence ; la Cour de cassation en a fait justice (1).

2° Sur quoi la preuve portera-t-elle au juste ? Sur un double élément : l'un psychologique, l'abus commis dans l'exercice d'un droit, — l'autre matériel, le préjudice subi.

Le second élément n'appelle aucune observation spéciale : la jurisprudence en exige invariablement l'existence. Jamais, à notre connaissance, elle n'a accueilli les prétentions du demandeur en dehors d'un préjudice par lui subi à raison de l'exercice abusif d'un droit ; on ne s'attarde pas à contrôler les mobiles des actions humaines lorsqu'elles sont inoffensives : libre à elles de s'abriter indûment sous l'égide des droits pourvu qu'elles ne nuisent à personne et qu'elles ne heurtent aucun intérêt légitime.

L'élément psychologique est au contraire de nature à soulever une question délicate, du moins dans le cas ordinaire où c'est l'intention méchante qui constitue et dénonce l'abus : que devra prouver au juste le demandeur à l'instance ? Va-t-on exiger de lui la démonstration de l'intention malicieuse même, ce qui rendrait sa tâche ardue et subtile ? Ou bien le tiendra-t-on quitte dès qu'il aura prouvé que son adversaire, au moment de l'acte, avait conscience du préjudice qu'il allait causer ? Cette dernière solution, de beaucoup la plus douce à la victime de l'abus, ne constituerait pas une nouveauté dans notre droit : n'est-ce pas précisément celle dont bénéficient, soit les créanciers qui intentent l'action Paulienne pour obtenir la révocation d'un acte passé par leur débiteur, soit, suivant une jurisprudence constante, la victime d'une diffamation ? En matière paulienne comme en fait de diffamation, la seule conscience du préjudice causé fait présumer l'intention frauduleuse, invinciblement dans le premier cas, jusqu'à preuve contraire dans le second. Or, que sont la fraude paulienne et la diffamation, sinon des hypothèses

(1 Cass., 20 mars 1895 (D. 1895.1.249)

d'abus de droit ? Et alors, pourquoi ne généraliserait-on pas la solution et ne se contenterait-on pas, chez le demandeur, de la preuve que son adversaire a agi en parfaite connaissance du préjudice qu'il causait à autrui ?

M. Charmont a fait, dans la *Revue critique*, une brève allusion à ce point de vue dont il ne se montre d'ailleurs aucunement partisan (1). Nous pensons qu'il serait en effet divinatoire et même injuste de conclure, de la conscience du préjudice causé, à l'intention malicieuse, et cela parce que le dommage résultant pour autrui de l'exercice de nos droits constitue, non pas une circonstance anormale, mais bien la règle. On ne peut songer à reprocher à un individu d'avoir usé de son droit sachant qu'un préjudice allait en résulter pour autrui, car c'est pour lui une prérogative absolument légitime que d'exercer son droit même à l'encontre des intérêts de son prochain (2) : c'est le cas de se rappeler que le profit de l'un est le dommage de l'autre et que la destinée des droits est de se choquer, de se refouler éternellement. Le marchand qui ouvre une boutique, le médecin qui s'établit dans une localité savent parfaitement que le succès de leurs entreprises se réalisera aux dépens de leurs concurrents précédemment établis : de cette conscience va-t-on conclure à une intention malveillante de leur part, à un abus de droit ?

Il est bien vrai qu'en matière de diffamation une jurisprudence constante estime que la seule connaissance du préjudice causé fait présumer l'intention malveillante ; mais la gravité même du fait accompli et surtout son caractère anormal expliquent suffisamment la solution : l'individu qui, par la plume ou par la parole, émet des allégations qu'il sait être de nature à porter atteinte à l'honneur, à la considération, aux intérêts respecta-

(1) *Revue critique*, 1898, p. 144.
(2) Voy. un article de M. Marc Sauzet dans les *Annales de droit commercial*, 1895, p. 105.

bles d'autrui, se place dans une situation anormale et sa conduite ne peut guère s'expliquer que par un mobile malicieux : la conscience du préjudice causé impliquera très ordinairement la volonté de nuire, et cette circonstance toute particulière justifie et limite à la fois la solution jurisprudentielle.

Quant à la fraude paulienne et à la présomption qu'y applique une tradition ininterrompue, nous reconnaissons que la même considération ne peut être reprise, avec la même force tout au moins : un débiteur peut parfaitement accroître son insolvabilité sans cependant avoir l'intention de nuire à ses créanciers. Aussi, la solution traditionnelle est-elle, à notre avis et malgré toute l'autorité qui s'y attache, des plus discutables. La jurisprudence semble bien commencer à le comprendre puisqu'elle a une tendance à exiger, sinon chez le débiteur lui-même, du moins chez la personne avec laquelle il a traité, non seulement la conscience du préjudice que l'acte va causer aux créanciers, mais bien la volonté même de leur nuire (1).

II. — *Nature de la satisfaction à laquelle peut prétendre
la victime de l'abus.*

Sans aucun doute elle est en droit, ayant éprouvé par hypothèse un *dommage*, de réclamer des *dommages-intérêts*, par application des principes généraux en matière de responsabilité.

Mais n'aura-t-elle pas aussi la ressource, à l'occasion, de prétendre à une satisfaction plus adéquate à la lésion subie dans le passé et redoutée pour l'avenir ? Ne pourra-t-elle pas exiger de l'auteur de l'abus une réparation en nature ?

M. Saleilles ne le pense pas. Pour lui, l'abus de droit ne comporterait jamais que la sanction par équivalent : la victime ne saurait en aucun cas prétendre à une satisfaction autre que

____

(1) Grenoble, 20 juin 1900 (D. 1902.2.277).

des dommages-intérêts. Et là résiderait précisément l'intérêt de la distinction entre l'acte accompli sans droit et l'acte simplement abusif : alors que l'un comporte comme sanction normale la satisfaction en nature, l'autre y répugnerait invariablement. Concevrait-on en effet que les riverains d'une voie ferrée pussent émettre la prétention de faire cesser la circulation des locomotives sous le prétexte que les fumées qu'elles dégagent leur causent un préjudice considérable ? Force leur est bien de se contenter, pour cette éventualité comme pour toutes autres du même genre, de dommages-intérêts (1).

Cette opinion n'était pas demeurée purement théorique ; elle avait été appliquée par la Cour de Lyon dans un arrêt déjà cité. La Cour d'appel, tout en reconnaissant qu'un propriétaire avait, par des fouilles méchamment pratiquées, commis un abus de son droit, ne s'était pas reconnu le pouvoir d'ordonner que des mesures fussent prises pour éviter le retour de pareil dommage ; elle avait même infirmé la décision du tribunal de Montbrison qui, appliquant une conception toute différente, avait fixé à un chiffre maximum le nombre des robinets que le propriétaire condamné pourrait désormais fixer à sa pompe ; elle se contentait de prononcer une condamnation à des dommages-intérêts tout en réservant l'avenir, c'est-à-dire en affirmant la possibilité pour les tribunaux d'allouer à la victime de nouveaux dommages-intérêts si le préjudice venait à se renouveler (2).

Malgré tout, cette opinion est demeurée isolée, en doctrine et en jurisprudence. La plupart des auteurs qui se sont occupés de

---

(1) Saleilles, *Théorie générale de l'obligation*, p. 373, en note dans la 2ᵉ édition. Mais, dans son rapport sur la question de l'abus du droit, l'éminent civiliste a admis la possibilité d'une satisfaction en nature : *Bulletin de la Société d'études législatives* de 1905, p. 325, et notamment p. 347.

(2) Lyon, 18 avril 1856 (D. 1856.2.199).

l'abus des droits en dénoncent l'inexactitude (1) : l'exemple même sur lequel raisonne M. Saleilles nous donnera, en ce sens, une indication décisive. Certes, la solution proposée est exacte dans l'espèce, mais cette espèce, suivant la remarque déjà présentée, est parfaitement étrangère à la notion de l'abus des droits. La compagnie qui fait circuler les locomotives sur la voie qui lui a été concédée n'abuse nullement de son droit, quand bien même les fumées dégagées par ses locomotives seraient particulièrement intenses : elle exerce son droit conformément à l'esprit dans lequel il lui fut confié ; elle ne lui fait pas suivre une direction illicite ; et c'est bien pourquoi la satisfaction en nature ne se concevrait pas en faveur des riverains lésés qui ne sauraient émettre la prétention de s'opposer à ce que la compagnie exerce son droit, de lui imposer la modification d'un état de choses légitimement créé et régulièrement maintenu.

Bien différente serait la situation si un acte véritablement abusif avait été commis, un droit ayant été dévié de sa direction régulière. Il est naturel et équitable que tout individu lésé par cette déviation puisse exiger que le droit suive désormais sa route normale, telle qu'elle lui fut assignée par le législateur ou par les tribunaux, afin que le dommage ne soit pas causé à nouveau : et c'est pourquoi des mesures seront ordonnées et prises en vue de prévenir ce retour préjudiciable. Il serait insupportable que le titulaire d'un droit pût émettre la prétention de le fausser indéfiniment sauf, après chaque écart, à réparer le préjudice causé. Sa conduite rappellerait de trop près celle de ce riche romain qui, pour vingt-cinq as par tête, souffletait les passants, en se faisant suivre d'un esclave qui dédommageait aussitôt les victimes auxquelles il comptait la rançon légitime. Nul ne saurait avoir un droit acquis à faire œuvre de malveillance et là où le juge français peut réprimer il a aussi

(1) Charmont, dans la *Revue trimestrielle*. 1902, p. 117 ; Porcherot, *op. cit.*

le devoir, dans la mesure du possible, de prévenir le retour de l'injustice : mieux vaut conjurer le mal que de le laisser s'étendre sauf ensuite à en tenter la guérison, toujours approximative.

C'est bien ainsi que notre jurisprudence comprend sa tâche : autant que possible, elle fait intervenir, au cas d'abus, la sanction en nature.

La Cour de Colmar s'était déjà prononcée en ce sens dès 1855, lorsqu'elle ordonna la suppression d'une fausse cheminée construite malicieusement par un propriétaire qui voulait assombrir la demeure voisine. A la même époque, le tribunal civil de Montbrison ne décidait pas autrement à propos de l'affaire des sources de Saint-Galmier : il avait ordonné que le propriétaire, auteur de l'abus, ne garderait à sa pompe que deux robinets et qu'il exécuterait divers ouvrages destinés à prévenir le retour du préjudice causé (1).

Et, au cours du demi-siècle qui s'est écoulé depuis que ces décisions furent rendues, la jurisprudence n'a pas sensiblement varié ; nombreux sont les arrêts qui admettent la satisfaction en nature. S'agit-il d'un commerçant qui use de son nom patronymique sur ses enseignes, annonces et factures, dans un but répréhensible et qui se rend coupable de concurrence déloyale ? Les juges prescriront « telles modifications nécessaires pour éviter la confusion » (2). Est-ce un mari qui abuse du droit de poursuivre l'annulation d'un acte que sa femme a passé sans autorisation ? Le tribunal lui refusera cette annulation (3). Est-ce un associé qui prétend se retirer de mauvaise foi, à contre-temps ? Il semble bien ressortir du Code civil même que pareille

---

(1) C'est ce jugement qui fut infirmé par la Cour de Lyon en 1856 (D. 1856.2.199).

(2) Cass., 13 juin 1903 (D. 1903.1.454).

(3) Paris, 5 janvier 1904 (*La Loi* du 17 mars).

démission ne dissoudra pas la société, qu'elle sera considérée comme non avenue (art. 1869, arg. *a contrario*) (1).

Sans doute, la satisfaction en nature n'est pas toujours praticable ; par exemple, il ne saurait être question d'imposer au patron qui a usé sans motif légitime du droit de résiliation, la réintégration de l'ouvrier congédié : *Nemo præcise ad factum cogi potest*. Mais, toutes les fois qu'aucun obstacle particulier ne s'y opposera, la sanction en nature devra être prononcée comme la plus satisfaisante, la plus adéquate au grief causé.

§ 3. — Examen critique de la notion de l'abus des droits ; sa place dans la théorie générale de la responsabilité.

La notion de l'abus des droits apparaît désormais avec une netteté suffisante pour que nous puissions recenser les arguments qui militent en sa faveur comme les objections qui lui furent adressées par des esprits éminents ; le moment est venu de faire la balance du *pour* et du *contre*.

Les arguments favorables sont en extrème abondance : la plupart d'entre eux ont été déjà relevés chemin faisant.

C'est d'abord le succès même de la théorie, l'essor rapide qu'elle a pris tant dans la pratique et la législation françaises qu'à l'étranger ; lorsqu'une idée s'empare du monde c'est qu'elle est actuellement nécessaire ; en fait, nous ne possédons pas un plus sûr critérium de la légitimité de nos institutions.

C'est aussi l'heureuse symétrie, la filiation certaine qui existe entre la théorie nouvelle et une théorie voisine, celle du détournement de pouvoir en droit administratif. Un administrateur ne peut pas user de ses pouvoirs en vue d'un objectif quelconque ; comment donc les particuliers, plus favorisés, seraient-ils admis à exercer dans toutes les directions les droits qui leur

1) Aubry et Rau, t. IV, p. 571, dans la 4e édition.

ont été confiés ? En définitive, et au travers de multiples différences de détail, tous les droits se ressemblent dans leur essence ; tous, ils constituent des prérogatives concédées par le pouvoir social ; dès lors ils doivent tous être exercés socialement,
conformément à l'esprit de l'institution, ceux des particuliers
aussi bien que les pouvoirs des administrateurs, pouvoirs qui
ne sont en somme que l'expression concrète des droits des personnes morales publiques, Etat, départements, communes, etc.

C'est encore cette considération décisive qu'un droit n'est pas
une abstraction, mais une réalité, qu'il ne représente pas un
aboutissant, mais bien un moyen qui, si on le sépare de son
but, n'a plus de raison d'être et ne saurait plus constituer qu'un
péril social ; il ne peut pas davantage aller contre sa finalité
qu'un cours d'eau ne peut remonter à sa source : conféré aux
individus pour fortifier la famille, il ne doit pas pouvoir être
utilisé afin de la détruire ; reconnu aux écrivains pour assurer
le triomphe de l'idée juste, la manifestation de la vérité, il ne
saurait être mis au service de rancunes ou d'intérêts égoïstes ;
en aucun cas, sous aucun prétexte, il ne doit se prêter à une
parodie éminemment périlleuse qui compromettrait à jamais
son autorité.

Toutes ces considérations, et quelques autres encore, ont été
déjà indiquées et c'est pourquoi nous nous contenterons, pour
elles, de ce bref rappel. Mais, sur le domaine rationnel, il est
un argument auquel nous n'avons pas fait allusion jusqu'ici et
qui peut paraître à bon droit péremptoire : le moment est venu
de le présenter.

Il se rattache à une distinction des droits, hier encore inob-
servée, aujourd'hui bien établie et couramment admise : la distinction entre les droits définis et ceux qui, n'ayant pas encore
acquis d'individualité, se confondent, pêle-mêle, dans la liberté.

Les droits définis sont ceux qui ont revêtu des limites précises, une physionomie particulière, qui ont conquis leur auto-

nomie. Tels le droit de propriété, le droit d'ester en justice, le droit de grève. On les appelle encore droits *déterminés*, droits *positifs* : nous les qualifierions volontiers de droits *nommés*.

On leur oppose les droits qui, privés d'individualité, n'étant pas parvenus à l'autonomie, se résument en une même prérogative, la plus large et la plus sacrée qui se conçoive : la liberté. Liberté que le droit de circuler à sa guise ; liberté que le droit de penser et d'agir. Toutes ces prérogatives sont encore imprécises ; elles constituent ce qu'on pourrait appeler des droits *innommés*.

Or, il est universellement admis que la liberté est susceptible d'abus. Nul esprit sensé ne soutiendra que la liberté de chacun des membres d'une collectivité puisse être illimitée : fatalement, elle doit être comprimée par la liberté d'autrui. Notamment, elle ne saurait être utilisée méchamment, dans un but nocif : tout usage malicieux qui en est fait engage la responsabilité civile, et parfois pénale, du coupable. La jurisprudence a bien souvent mis en œuvre cette idée. Voilà par exemple un patron qui fait défense à ses ouvriers de fréquenter tel établissement ; en édictant cette prohibition, il n'use pas d'un droit précis mais il manifeste sa liberté : le propriétaire de l'établissement visé va-t-il pouvoir lui réclamer une indemnité à raison du préjudice résultant pour lui de cette mise à l'index ? Tout dépend du mobile qui inspira la décision du patron : ce mobile était-il légitime ? La prohibition l'est elle-même et l'immunité de celui qui l'a portée est complète. Si au contraire le patron a agi méchamment, dans la pensée de nuire à l'établissement visé, sa responsabilité est engagée, parce qu'il a réalisé antisocialement sa liberté, parce qu'il en a fait abus.

Ainsi, tant qu'un droit fait corps avec la liberté il est assurément susceptible d'abus. Et alors, toute la question revient à savoir s'il en est autrement lorsqu'il a conquis son individualité et qu'il est parvenu à l'état de droit défini, de droit nommé. Et vraiment la question est parmi celles dont on a coutume de dire que, les poser, c'est aussi les résoudre. Car, un droit a beau se préciser, il ne change pas d'essence ; toujours il constitue une émanation de la liberté. Si, lorsqu'il se confondait avec elle, il ne pouvait pas être exercé dans une pensée quelconque et par exemple méchamment, la même réserve doit continuer à limiter son exercice lorsqu'il a revêtu sa physionomie particulière et conquis son individualité. L'estampille officielle n'a pas dû faire de lui une arme pour la malveillance, sans quoi il faudrait regretter qu'elle lui eût été conférée. La précision n'a dû lui être donnée que dans un désir de plus grande clarté, de plus complète sécurité sociale : comment aurait-elle pu faire de lui un instrument antisocial ?

La distinction que l'on prétendrait établir entre les droits nommés et les droits innommés serait d'autant plus regrettable qu'il n'est pas toujours facile de savoir si une prérogative doit être rangée dans l'une ou dans l'autre catégorie. Soit par exemple le droit de libre concurrence : doit-on y voir un droit suffisamment spécialisé ou bien ne convient-il pas de le confondre encore avec la liberté ? Les liens qui unissent un droit à la source commune et première ne se brisent pas d'un seul coup ; ils se relâchent peu à peu à mesure que se dessine plus nettement sa physionomie : à quel moment pourra-t-on les considérer comme complètement rompus et que déciderait-on, pendant la période de transition, pour la question de l'abus ?

Admettre l'abus de la liberté (et il n'est pas possible de le nier) c'est donc admettre du même coup l'abus des droits, puisque la liberté n'est autre que le droit souche, la matière première sur laquelle tous les droits nommés sont pris et dont ils ne sont en définitive que la monnaie ayant cours certain et légal.

A tous ces arguments, qu'opposent les détracteurs de la théorie de l'abus ?

Ils se répartissent, par la nature des objections qu'ils présentent, en deux catégories ; les uns reprochent surtout à la formule nouvelle d'être en définitive vide de sens ; ils acceptent la plupart des solutions jurisprudentielles, mais ils les expliquent sans faire intervenir l'idée de l'abus des droits, par le jeu des principes généraux en matière de responsabilité. D'autres, bien moins nombreux, vont plus loin dans l'opposition : ils critiquent les décisions intervenues ; ce n'est pas seulement la formule qu'ils combattent, mais l'idée qu'elle recouvre et les résultats auxquels elle conduit.

Il y a donc lieu d'examiner successivement les critiques de *forme* et les critiques de *fond*.

I. — *Critiques de forme.*

Elles se ramènent invariablement à cette affirmation que les espèces présentées comme des cas d'abus des droits se rattachent en réalité à une théorie plus ancienne et bien banale, au droit commun de la responsabilité.

Seulement, il y a deux procédés pour refuser à la notion de l'abus des droits toute originalité, pour lui dénier toute valeur théorique ou pratique. Les uns disent : les actes que vous présentez comme abusifs sont en réalité des actes accomplis sans droit : abuser d'un droit c'est tout simplement en excéder les limites, c'est en sortir. Tout au contraire ! objectent certains autres, de tels actes sont véritablement la manifestation de nos droits ; mais à cela rien de particulier, car tel est le caractère commun à tous les actes générateurs de responsabilité : nous ne sommes jamais responsables que dans l'exercice de nos droits : la prétendue théorie de l'abus se rattache à cette loi fondamentale et nécessaire qui se trouve ainsi, non pas entamée, mais vérifiée une fois de plus.

Les objections, on le voit, partent de deux points de vue opposés : elles n'ont de commun que l'objectif auquel elles tendent également, à savoir la négation de l'abus des droits en tant que théorie originale. Quant aux procédés employés afin d'atteindre le but assigné, ils diffèrent autant que possible puisque, pour les uns, l'acte dit abusif est un acte accompli sans droit alors que, pour les autres, il constitue bien la manifestation d'un droit, mais à l'exemple de tout acte générateur de responsabilité.

Nous devons examiner chacune des positions prises par les adversaires de l'abus des droits.

1. — L'acte abusif se confond-il avec l'acte accompli sans droit ?

Oui, affirment bon nombre d'auteurs et quelques juridictions ; car, l'idée même que l'on puisse abuser d'un droit est chimérique et contradictoire. Toutes les espèces présentées comme des cas d'abus sont en réalité des hypothèses d'absence, de défaut de droit ; celui qui ne demeure pas dans l'esprit d'une institution en sort, tout simplement : de là sa responsabilité. De deux choses l'une, ou bien j'use de mon droit, et alors par définition même mon acte est licite et ne saurait en aucun cas engager ma responsabilité ; ou bien mon acte est illicite, mais alors c'est que, par hypothèse, j'ai excédé mon droit. M. Planiol écrit : « Le droit cesse où l'abus commence et il ne peut pas y avoir *usage abusif* d'un droit quelconque, par la raison irréfutable qu'un seul et même acte ne peut pas être tout à la fois *conforme au droit* et *contraire au droit* » (1). Et la Cour de Toulouse affirme avec une égale énergie : « On ne peut abuser d'un droit que si l'on en dépasse les limites... Il ne saurait exister un abus du droit ; car ce qu'on appelle ainsi, c'est en réalité l'absence d'un droit, un acte en dehors des limites normales du droit allégué ou reconnu » (2).

(1) *Traité élémentaire de droit civil*, t. II, p. 284, dans la 3ᵉ édition.
(2) Toulouse, 20 juillet 1896 (D. 1897.1.542).

Pour ces autorités, l'acte abusif rentrerait donc dans la grande famille des actes accomplis sans droit (1) et il serait parfaitement inutile de lui faire l'honneur d'une catégorie particulière.

Ce point de vue peut sembler tout d'abord le résultat d'un coup d'œil profond jeté sur la question, le gain d'un examen plus pénétrant qui a enfin dissipé une vaine apparence et fait cesser un malentendu. En réalité, il est éminemment superficiel et, en dépit de ses allures irréfutables et de ses prétentions au dogme, il ne résiste pas à un contrôle sérieux.

Pour en comprendre la fausseté, il suffit de se remettre en mémoire quelques-unes des hypothèses les plus classiques d'actes considérés par la jurisprudence comme abusifs et d'en rapprocher les espèces correspondantes d'actes accomplis sans droit : aussitôt apparaîtra le contraste entre les deux notions dont l'on prétend absorber l'une dans l'autre.

Voilà un individu qui, dans son terrain, a exécuté des travaux de forage ; parce que les travaux ont été exécutés méchamment, dans le but de nuire au voisin, ils deviennent générateurs de responsabilité. Et cependant ce propriétaire a agi dans la plénitude de son droit puisque, d'après l'article 552 du Code civil, le tréfonds est sa chose, comme le sol, comme le domaine aérien : il est demeuré strictement dans les limites objectives de son droit et, si sa responsabilité est engagée, c'est uniquement à raison de la cause impulsive qui a déterminé sa volonté et qui a vicié l'usage par lui fait de la prérogative qui lui avait été confiée. Mais le propriétaire qui agit sans droit, c'est, par exemple, celui qui fait acte de maître sur le domaine du voisin, qui la-

_____

(1) Il est curieux de remarquer que cette conclusion est admise, même par certains auteurs qui sont cependant partisans de l'abus des droits. — Voy. Duffau-Lagarrosse, *Du droit aux dommages-intérêts dans le louage de services à durée indéterminée*, *Revue critique*, 1899, p. 479, et notamment p. 485 ; et Porcherot, *op. cit.*, p. 156.

boure le champ d'autrui : va-t-on confondre ces deux espèces dans une même catégorie ?

Ou bien, c'est un débiteur qui, tout en demeurant dans les termes du contrat, temporise et fait traîner l'exécution en longueur afin d'être désagréable à son créancier. Sa conduite est abusive, susceptible à ce titre d'engager sa responsabilité : pourtant, elle est conforme au contrat qui constitue la loi des parties. Va-t-on identifier cette attitude avec celle du débiteur qui se refuse à exécuter les prestations promises dans le délai convenu ?

Nous ne croyons pas qu'un esprit impartial puisse défendre pareille identification ; il se rendra compte de la distance qui sépare l'abus de droit du défaut de droit, distance exactement égale à celle qui existe, en droit administratif, entre le détournement et l'excès de pouvoir. Ici, l'on voit un individu qui, tout en demeurant dans les limites objectives de son droit, en fait un usage blâmable, le cause irrégulièrement ; là, on voit une personne qui, dépassant les frontières objectives assignées à sa prérogative, accomplit un acte qui ne saurait en aucune mesure en être considéré comme l'exercice. D'un côté une notion subjective et psychologique au premier chef, de l'autre une notion purement objective et matérielle : vraiment, il faut vouloir à tout prix la confusion pour la commettre (1).

D'autant plus que tout ne se ramène pas à une différence théorique et rationnelle : l'intérêt pratique de la distinction égale et dépasse même sa signification doctrinale : entre l'abus

(1) La distinction est faite très heureusement par M. Tissier : « Il faut, à notre avis, bien séparer d'une part les limites du droit, d'autre part le but que poursuit l'exercice du droit. La notion d'abus du droit se rattache à l'idée de but : non seulement tout droit est limité dans son contenu, mais de plus, son exercice ne peut avoir lieu dans un but quelconque ; il y a abus si le droit est exercé en vue de nuire à autrui, peut-être aussi si le droit est exercé sans intérêt ou sans motifs légitimes » (*Revue critique*, 1904, p. 509 et suiv.).

et le défaut de droit il existe des différences palpables qui rendent la confusion que l'on prétendait réaliser d'autant plus inexplicable et dangereuse :

1° Le défaut de droit est une théorie toute faite et en quelque sorte préconstituée ; les limites objectives d'un droit sont précises et elles ne se déplacent pas facilement, du moins en dehors de l'intervention législative. L'abus des droits constitue au contraire une théorie mouvante, une notion merveilleusement souple : elle est un instrument de progrès, un procédé d'adaptation du droit aux besoins sociaux ; loin de nécessiter l'intervention législative, elle permet de la différer, d'imprimer aux droits, au fur et à mesure que les mœurs se transforment, une orientation nouvelle ; elle est aussi élastique que la notion opposée est roide ; son horizon est illimité au lieu que celui de la théorie qu'on prétend lui identifier est exactement borné.

2° Mais une différence plus précise sépare les deux théories.

L'acte accompli sans droit est susceptible d'engager la responsabilité de son auteur même indépendamment de toute idée de préjudice causé à autrui ; si mon voisin laboure le champ qui m'appartient, vainement objectera-t-il à ma réclamation qu'il ne m'a causé, en ce faisant, aucun préjudice, que même il m'a rendu un service : je n'en serai pas moins fondé à lui réclamer, au besoin à lui imposer la cessation de cette attitude qui constitue une véritable entreprise sur ma propriété. Sans doute, je ne pourrai point exiger de lui des dommages-intérêts : car, on ne conçoit pas de *dommages-intérêts* là où il n'y a pas de *dommage* effectivement subi ; mais j'obtiendrai du moins soit, une condamnation à une astreinte, soit l'appui de la force publique pour faire cesser ce trouble intolérable. Il ne faudrait pas objecter que *sans intérêt pas d'action* ; cette règle n'est pas d'une vérité absolue ou, si l'on veut, elle conduit seulement à exiger chez le demandeur l'existence d'un intérêt quelconque, pécuniaire ou moral peu importe. Or, j'ai un intérêt moral évident à ce que mes droits définis, qui ne sont en définitive que des reflets et des affirmations de ma personnalité, ne soient pas entamés impunément par autrui : derrière les droits, c'est l'individualité juridique même qui se trouve en question et qu'il est urgent de protéger (1).

L'abus des droits n'a pas une force obligatoire aussi constante. L'acte abusif, envisagé en soi, n'est pas objectivement injuste et, par conséquent, il ne suffit jamais, à lui seul, à engager la responsabilité de son auteur : encore faut-il qu'il ait causé à autrui un préjudice appréciable. Sinon, c'est une simple intention mauvaise qui reste au passif du titulaire ; or, nos intentions, si répréhensibles qu'on les suppose, n'engagent jamais à elles seules notre responsabilité, mais seulement si elles se traduisent par quelque manifestation extérieure, dans l'espèce par un dommage causé à autrui.

Et en effet on ne voit pas à quel titre un individu pourrait se plaindre d'un acte qui : 1° ne représente de la part de son auteur que l'exercice d'un droit ; 2° ne lui a causé aucun préjudice ; à quel titre par exemple un voisin pourrait-il m'actionner à raison des fouilles que je pratique, fût-ce malicieusement, dans mon terrain, si aucun préjudice n'en résulte pour lui ? Du moment que je n'entreprends pas sur ses droits et que je ne lui cause aucun préjudice, je ne suis évidemment passible d'aucune condamnation.

On sait déjà que la jurisprudence a toujours appliqué fidèlement ces principes, comme l'attestent les décisions par

______

(1) A consulter en ce sens, en ce qui concerne les atteintes apportées par les écrivains à la vie privée des particuliers, la remarquable note de M. Meynial dans Sirey, 1898.1.473. L'auteur déclare qu'il autoriserait : « celui dont on aurait indiscrètement publié la vie privée, à se plaindre et à réclamer la cessation de la publication même s'il n'éprouvait de ce fait aucun dommage, et par cela seul que cette publicité lui déplairait. »

lesquelles elle a consacré la notion de l'abus des droits : toutes, elles relèvent soigneusement l'existence d'un préjudice effectivement subi par le demandeur en indemnité et l'on peut poser en règle absolue que l'exercice inoffensif d'un droit, fût-il abusif, ne saurait jamais devenir générateur de responsabilité.

Ces différences, la dernière surtout, sont tellement manifestes qu'elles impriment à la distinction des actes abusifs et des actes accomplis sans droit un caractère inéluctable et définitif. Dès lors, que faut-il penser de la formule sur laquelle insistent complaisamment certains détracteurs de l'idée d'abus, de cette affirmation que « un seul et même acte ne peut pas être tout à la fois *conforme* au droit et *contraire* au droit ? ».

C'est l'argument « irréfutable » qui a entraîné la conviction de beaucoup : et cependant, à y réfléchir, il se ramène à un simple jeu de mots. En le présentant, on semble oublier que le mot *droit* a deux acceptions fort différentes : tantôt il désigne une prérogative déterminée, telle la propriété ; tantôt il se réfère à l'ensemble des règles sociales : en ce dernier sens, le plus large, on dira que tel principe est admis dans notre *droit*. Or, il n'y a aucune espèce de contradiction à ce qu'un acte soit tout à la fois conforme à tel droit déterminé et cependant contraire au droit *lato sensu*. Le propriétaire qui pratique méchamment des fouilles dans son terrain reste dans son droit de propriété, mais il a contre lui le droit en général ; il a, contre lui, ce que M. Hauriou appelle très heureusement « les principes du commerce juridique qui sont sous-jacents à la légalité ». Et c'est bien cette situation, très logique bien que regrettable, que résume de façon saisissante l'adage traditionnel : *summum jus summa injuria* : on peut parfaitement avoir *tel droit* pour soi et cependant avoir contre soi *le droit* tout entier.

L'argument irréfutable, sur lequel est échafaudé tout le système et avec lequel on prétend dénoncer quelque peu ironiquement l'inexactitude de la notion de l'abus, se ramène donc en définitive au plus banal des sophismes, à un calembour juridique.

II. — L'acte abusif se confond-il avec tout autre acte accompli dans l'exercice d'un droit ?

Quelques auteurs l'ont estimé. Oui, concèdent-ils, abuser d'un droit c'est encore l'exercer ; oui, celui qui a commis un tel abus est responsable du dommage causé bien qu'il ne soit pas véritablement sorti des limites assignées à son droit. Mais à cela rien de particulier, car il n'est pas un seul acte générateur de responsabilité qui ne se rattache à l'exercice d'un droit ; nous ne sommes jamais responsables que dans l'exercice des prérogatives qui nous sont conférées par les pouvoirs publics ; et, lorsque les partisans de l'abus font cette constatation au cas d'exercice abusif, ils prennent pour une singularité ce qui est la monnaie courante en matière de responsabilité ; ils voient une exception remarquable là où il y a simplement une manifestation normale des principes généraux (1).

Par cette position, comme par la précédente, on arrive à refuser à la théorie de l'abus des droits toute originalité : l'opinion que nous avons réfutée faisait rentrer l'acte abusif dans le cadre des actes accomplis sans droit aucun ; celle-ci le range au nombre des actes accomplis dans l'exercice d'un droit et se refuse à lui assigner, dans cette multitude, une place spéciale. Il faut reconnaître que cette seconde position est autrement solide que la première ; comme elle, cependant, elle fait bon marché, sinon d'un contraste aussi saisissant, au moins d'une nuance qui n'est pas négligeable.

Certes, la thèse de l'abus, comme toute théorie de responsabilité, tend à réaliser l'équilibre des droits individuels qui se froissent mutuellement, et l'acte générateur de responsabilité est invariablement un fait qui a rompu cet équilibre. Mais il y

(1) En ce sens : Emm. Lévy, *Responsabilité et contrat*, dans la *Revue critique* de 1899 et *l'Exercice du droit collectif*, dans la *Revue trimestrielle* de 1903, p. 95 et notamment p. 100.

a rupture et rupture ; elle n'éclate pas toujours avec une même évidence et une égale intensité. Lorsqu'un acte a été commis qui constitue le détournement, l'abus d'un droit, le déséquilibre des intérêts en présence n'est pas contestable ; du moment qu'un acte, qui est atteint en quelque sorte d'un vice originel, cause un préjudice à autrui, la victime peut se prétendre injustement lésée et réclamer une condamnation qui rétablira l'équilibre un instant rompu. Il n'en est pas de même pour un acte qui constitue l'exercice, non plus abusif mais normal, régulier, d'un droit ; la rupture d'équilibre n'éclate pas avec la même évidence et son appréciation nécessitera souvent un examen très attentif. Si, par exemple, des exhalaisons pestilentielles s'élèvent d'une usine située sur le fonds A et nuisent aux vignobles du fonds B, on ne pourra, à première vue, décider si, l'équilibre des droits en présence ayant été rompu, le propriétaire du fonds B peut se prétendre injustement lésé et réclamer une indemnité au propriétaire du fonds A. Avant de se prononcer, force sera d'examiner comparativement les deux situations opposées, d'apprécier l'intensité du préjudice causé, de s'enquérir des conditions dans lesquelles l'usine fut ouverte et les vignobles furent constitués : la région est-elle plus particulièrement industrielle ou agricole ? Le vignoble a-t-il été constitué antérieurement ou postérieurement à la création de l'usine ? Toutes ces circonstances de fait seront autant d'éléments dont s'inspirera le juge pour se faire une conviction et sa tâche sera infiniment délicate, au point que, sans nul doute, la même espèce recevra telle ou telle solution suivant le tempérament, l'état d'esprit de ceux auxquels elle aura été soumise. S'il y avait abus de droit, au contraire, toute difficulté disparaîtrait par cela seul que le détournement serait établi, car nul ne peut nuire à autrui en faussant les prérogatives juridiques même les plus absolues en apparence.

Nous sommes ainsi amené à différencier l'acte abusif de l'acte accompli dans l'exercice normal d'un droit comme nous l'avons précédemment distingué de l'acte effectué sans droit et à lui fixer par là même sa place dans la grande théorie de la responsabilité.

Tous ces actes peuvent, à l'occasion, être générateurs de responsabilité, mais à des conditions sensiblement différentes. Tandis que l'acte accompli sans droit engage la responsabilité de son auteur par lui-même et indépendamment de tout préjudice matériel causé, l'acte abusif n'a de conséquences juridiques qu'autant qu'il est dommageable ; et cette nouvelle condition ne suffit plus s'il s'agit d'un acte qui se présente comme la manifestation normale d'un droit : encore faut-il alors que cet acte, par l'intensité même du préjudice causé, ait rompu objectivement l'équilibre des droits en présence ; encore faut-il qu'il représente la réalisation d'un risque précédemment constitué.

Car, c'est à cette notion du risque que nous en arrivons en dernière analyse ; c'est en elle que se résument les différences entre l'acte abusif et l'acte qui constitue l'exercice normal d'un droit : le premier, injuste par son origine, devient générateur de responsabilité aussitôt qu'il cause un dommage ; le second, subjectivement irréprochable, ne le devient que s'il se rattache à la création d'un risque dont il constitue la réalisation. La nuance n'est pas à dédaigner puisque, tandis que l'abus de droit est une notion d'ordre subjectif, le risque a une allure objective très prononcée, puisque l'un, du moment qu'il est constaté, dénonce infailliblement la rupture qui s'est produite dans l'équilibre des droits, au lieu que l'autre impose au juge, à moins d'un texte formel, un travail de dosage très méticuleux dont le résultat variera d'individu à individu, de conscience à conscience.

Et ce ne sont pas là des classifications artificielles, des catégories de pure convention destinées à demeurer étrangères à la réalité des faits : il n'est pas un droit qui ne nous fournisse l'occasion d'en faire une application et, par là même, d'en vérifier l'exactitude.

En matière de propriété, par exemple, l'acte accompli sans droit sera celui du propriétaire qui fait acte de maître sur le domaine du voisin ; l'acte abusif, celui de l'individu qui pratique des fouilles dans son terrain avec la pensée d'intercepter la source qui jaillit sur le fonds contigu ; l'acte accompli normalement, celui de l'industriel qui élève sur son terrain des usines dont les exhalaisons sont de nature à préjudicier aux cultures avoisinantes. L'acte de la première catégorie engage infailliblement la responsabilité de son auteur ; celui de la deuxième ne la met en œuvre qu'autant qu'un préjudice a été causé ; celui de la troisième, que si l'intensité du dommage occasionné signale une rupture d'équilibre entre les intérêts en présence.

Le droit de recourir aux voies légales ne nous sera pas un terrain d'expériences moins propice. L'acte accompli sans droit sera représenté ici par l'attitude du créancier qui saisit les biens de son débiteur sans observer les formalités prescrites ; c'est, par exemple, un créancier gagiste qui entend s'approprier de sa seule autorité la chose remise en gage : il se place évidemment hors des limites objectives de son droit et le débiteur pourra combattre cette prétention inadmissible sans qu'on soit fondé à lui objecter le défaut d'intérêt. L'acte abusif, ce sera celui du plaideur qui, méchamment, fait une mauvaise querelle à autrui : il est demeuré dans les limites objectives de son droit, mais le mobile auquel il a obéi est de nature à engager sa responsabilité à raison du préjudice subi par le défendeur. Enfin, l'acte accompli dans la direction licite, c'est celui du plaideur qui intente un procès dans son intérêt personnel, sans esprit de chicane. Il y a de sa part un fait constitutif de risques, et de là la condamnation aux dépens qui le frappera s'il vient à être débouté de ses prétentions. Il n'a point commis de faute ; il a pu être de parfaite bonne foi et on ne peut rien lui reprocher, sinon d'avoir été malheureux ; mais il reste ceci qu'il a constitué, pour son adversaire, un risque dont l'incidence se trouve, dans ce cas spécial, déterminée par la loi qui met les dépens à la charge de la partie perdante.

Pareilles applications et pareilles vérifications des catégories proposées pourraient être faites pour tous autres droits, tels le droit de libre concurrence, la liberté de la presse, le droit de grève.l Ainsi se localise, dans la vaste théorie de la responsabilité, la notion de l'acte abusif éminemment subjective ; elle vient s'intercaler entre les deux autres notions également objectives, l'une parce qu'elle vise un acte accompli au delà des limites matérielles d'un droit, l'autre parce qu'elle s'identifie avec un acte qui représente la réalisation d'un risque précédemment créé. De toute façon, et loin de se mêler à ses voisines, elle nous apparaît donc comme profondément originale, régie par des règles qui lui sont propres, et rebelle à toute tentative de confusion.

II. — Critiques de fond.

Voici un ordre de critiques en apparence plus graves que les précédentes ; ceux qui les formulent ne se contentent pas de dénier à la théorie de l'abus des droits toute originalité, toute valeur théorique ; ils désapprouvent les solutions concrètes auxquelles elle aboutit ; ce n'est pas seulement la manière qu'ils jugent inopportune ou dangereuse, ce sont les décisions jurisprudentielles qu'ils déplorent et, avec elles, la tendance subjective et moralisatrice dont elles procèdent : à leur gré, il conviendrait de faire table rase de celle ci comme de celles-là pour en revenir à la saine et stricte application des droits dont l'exercice, même malicieux, ne doit pouvoir donner lieu à des dommages-intérêts.

Le sentiment a pour lui d'être net et radical ; mais, à vrai dire, nous ne le trouvons exprimé avec une pleine franchise que par M. Esmein (1). Dans la note que lui suggère une importante

(1) Note au Sirey, 1898.1.17, notamment p. 21. M. Barde, que l'on

décision de jurisprudence, l'éminent jurisconsulte dénonce rigoureusement l'inexactitude et le péril de la tendance nouvelle qui,
par une étrange confusion du droit et de la morale, substitue la
faute morale à la faute juridique et fait du juge un censeur. Qui
ne sent tout le danger d'une telle conception investissant le juge
de la tâche irréalisable et redoutable de pénétrer dans les cons-
ciences individuelles et de scruter les mobiles des actions humaines ? Mieux vaut laisser debout les barrières traditionnellement établies entre le droit et la morale.

Nous répondrons que ces barrières n'ont jamais existé que
dans l'imagination des jurisconsultes : toujours elles furent chi-
mériques et toujours elles demeureront telles. Pour s'en convaincre, il suffit de se reporter aux définitions par lesquelles les
auteurs de traités de droit civil ont prétendu différencier le droit
de la morale : l'imprécision des formules trahit la gêne des
écrivains et le flottement de leur pensée. C'est qu'ils s'efforcent
d'opposer des notions qui rentrent en réalité dans un même
tout et de tracer des frontières prohibitives entre des domaines
qui vivent d'échanges incessants et réciproques ; c'est que le
droit ne sera jamais autre chose que la morale dans la mesure
où elle devient susceptible d'application et de coercition, — la
morale en action. Celle-ci est le creuset où s'élabore celui-là, et
l'élaboration s'accomplit, non point seulement par le législateur,
mais aussi et surtout sous la pesée des mœurs et par l'intervention constante, journalière des tribunaux. C'est le juge qui est
l'adaptateur, le metteur en œuvre de la loi ; qu'on le veuille ou
non. il demeure investi de cette tâche redoutable d'appliquer la
loi au procès, à la lueur de la morale. Jamais il ne se résoudra
à réaliser les préceptes juridiques à la façon d'une machine,
distributivement. mais il sera invinciblement porté à s'inspi-

serait tenté de citer à côté de M. Esmein, est en réalité beaucoup moins
absolu : il approuve certaines décisions présidentielles. — Voy. *Traité
théorique et pratique des Obligations*, 2e éd.. t. III. p. 1080

rer de la finalité, du *pourquoi* des droits pour en fixer la sphère
d'application et pour en réaliser le juste équilibre : il ne péné-
trera la moralité du procès qui lui est soumis que s'il connaît
d'abord la moralité, la finalité des droits en présence. Le jour
où il ne se conformerait pas à cette ligne de conduite, où il
accepterait comme principe directeur que *les moyens justifient
la fin*, c'en serait fait du droit lui-même qui puise toute sa vi-
talité dans le sentiment collectif et qui, séparé, isolé de la morale, deviendrait tout simplement odieux, sans compter qu'il
perdrait toute raison d'être et toute autorité.

Aussi bien les législateurs des peuples les plus différents ne s'y
sont-ils pas mépris ; sauf aux périodes d'enfance, ils ont toujours admis que le juge devait être, dans quelque mesure, un
censeur et qu'il lui appartenait d'appliquer le droit à travers sa
conscience qui n'est elle-même que le reflet de la conscience
collective, c'est-à-dire des mœurs. L'évolution du droit romain
nous offre un saisissant exemple des progrès de cette conception qui s'est affirmée dans toutes les législations modernes,
invariablement hostiles à la mauvaise foi, à la fraude ; le juge
est considéré comme le gardien des mœurs et nulle part ce point
de vue ne triompha aussi complètement que dans la plus moderne des grandes codifications, le Code civil allemand de
1900 (1).

On objecte les dangers qu'offre l'arbitraire du juge. Mais,
somme toute, cet arbitraire, resserré qu'il se trouve dans les
limites objectives que le législateur assigne aux droits, guidé et
sanctionné qu'il est par l'opinion publique, constitue encore
pour les particuliers la meilleure des garanties. Vainement pré-
tend-on nous en faire un épouvantail ; vainement nous repré-
sente-t-on un tribunal proclamant que le droit pour un propriétaire de demander à ses locataires le paiement des loyers ne

(1) Saleilles, *De la déclaration de volonté*, p. 287 et suiv.

pourra être exercé « que dans la mesure conciliable avec la
nécessité de ne pas développer le paupérisme » (1). De longtemps, — et sauf des accidents toujours possibles, mais rares,
isolés, — la théorie de l'abus des droits ne servira de truchement
à pareille solution : le droit dont il s'agit est d'origine contractuelle ; or, l'essence d'un contrat est de donner pleine sécurité
à ceux qui le concluent ; cette sécurité s'effondrerait s'il était
permis à l'une des parties de reprendre sa parole sous un prétexte tel que celui que l'on veut prévoir et ce serait donc mécon-
naître l'esprit de l'institution que d'autoriser pareille possibilité ;
dans l'état actuel de la société tout au moins, la crainte du
paupérisme ne peut servir de motif légitime au refus qu'oppose
le locataire à la demande en paiement de son loyer. L'application de la théorie de l'abus est naturellement affaire de tact et
de mesure et, en cela, elle ressemble à une foule de théories
qui, cependant, ne soulèvent plus pareilles craintes : que de
périls la distinction de la bonne et de la mauvaise foi ne
semble-t-elle pas présenter ? Elle fonctionne cependant, de façon
satisfaisante, et dans les ordres d'idées les plus divers. Ainsi
fonctionnera sans aucun doute cette bienfaisante conception de
l'abus qui est en voie de régénérer le droit tout entier en lui
infusant ouvertement, de propos délibéré, une dose indispensable d'équité. Mieux vaut l'application raisonnée et humaine du
droit, fût-ce au prix de quelques erreurs, que sa réalisation
automatique ; mieux vaut la règle *Summum jus summa injuria* que la maxime haïssable *Dura lex sed lex.*

La théorie de l'abus a donc une valeur sociale, une signification morale de tout premier ordre (2) ; mais ne va-t-elle pas à
l'encontre de la tendance qui se manifeste depuis quelques

(1) Barde, *op. cit.*, t. III, p. 1083 dans la 2ᵉ édition.

(2) M. Porcherot a pu dire très exactement qu'elle « marque une
étape dans l'évolution de la conscience juridique de notre pays » (*op.
cit.*, p. 157).

années en matière de responsabilité, la tendance objective ? C'est
un phénomène bien connu qu'à la différence du droit pénal qui
s'individualise de plus en plus, qui fait aux recherches subjectives une place sans cesse plus large, la responsabilité du droit
privé s'objective graduellement à mesure que la notion moderne
du risque refoule cette notion utopique et fuyante qu'on appelle
la faute aquilienne : les deux idées de faute et de responsabilité
tendent incontestablement à se dissocier, dans le droit privé.
Et voilà qu'une nouvelle théorie, prenant le contre-pied de cette
tendance universelle, prétend renchérir sur les exigences psychologiques du droit et incite le juge à procéder à des recherches
subjectives extrêmement délicates, dont le résultat influencera
de façon décisive l'issue du procès en responsabilité ! N'est-ce
pas au prix d'une contradiction flagrante, d'un contre-sens
grossier, que l'on prétend faire pénétrer dans notre droit la
conception de l'abus ?

L'objection a été faite par quelques auteurs qui estiment que
l'on doit donc choisir entre les deux tendances qui se disputent
la responsabilité, la tendance objective et la tendance subjective, et que tout partisan de la notion du risque doit être logi-
quement, fatalement amené à se prononcer contre la notion de
l'abus (1).

Nous nions formellement l'exactitude de cette déduction ;
autant que personne, nous sommes acquis à l'idée d'une responsabilité objective et cependant nous n'en sommes aucunement gêné pour accueillir la théorie que nous avons tenté de
préciser dans cette étude, car nous estimons que nulle contra-
riété n'existe entre les deux notions du risque et de l'abus :
chacune d'elles a son domaine qui lui reste propre. Lorsqu'un
individu cause un préjudice anormal à autrui, il faut rechercher

____

(1) Voy. notamment la thèse de M. Porcherot, p. 216, et celle de
M. Buttin sur *l'Usage abusif du droit*, p. 157.

dans quelles conditions ce préjudice fut déterminé et, tout d'abord, s'il n'y a pas eu déviation, détournement, soit d'un droit nommé, soit de la liberté : au cas d'affirmative, on est en présence d'un acte abusif, donc générateur d'une responsabilité qui se trouve ainsi subjectivement déterminée. Sinon, puisque le droit a été exercé dans la direction normale, conformément à l'esprit de l'institution, le juge est bien amené à chercher ailleurs la solution du problème : du moment que le critérium subjectif ne donne pas de résultat, c'est au critérium objectif qu'il faudra, de toute nécessité, s'en référer ; car, le dommage causé doit incomber à quelqu'un, et tout ce que disent les partisans de la thèse objective, c'est qu'il vaut mieux le faire supporter à celui qui l'a déterminé, fût-ce non intentionnellement, qu'à celui qui en a passivement subi le premier choc, — à celui qui en a été l'éditeur et qui doit donc rester son propre assureur, qu'à celui qui y est demeuré moralement étranger.

Et nous touchons ici à ce qui constitue le point de contact des deux notions, à l'indice qui accuse la parenté des deux théories prétendûment contradictoires : c'est qu'elles sont l'une et l'autre des théories à base de volonté. En fin de compte elles font également endosser la responsabilité à celui qui a émis et exécuté une certaine volition : la seule différence consiste en ceci, que l'une prend en considération la volonté de causer le dommage, au lieu que l'autre, subsidiaire à celle-là, s'en tient à la volonté d'accomplir un acte constitutif de risques. nous dirions volontiers à la volonté objective ; ici, nous voyons affirmer la responsabilité d'un individu parce qu'il a voulu faire servir son droit à une destination irrégulière, antisociale ; là, nous voyons se réaliser cette même responsabilité, parce que. dans l'exercice normal de son droit, il a procédé à tel acte constitutif d'un risque aujourd'hui réalisé. Dans le premier cas, le dommage est la conséquence immédiate et la raison d'être de la volition qui s'en trouve viciée ; dans le deuxième. il ne se rattache qu'indirectement à

elle, par l'intermédiaire de l'acte que l'agent avait régulièrement, irréprochablement accompli ; mais, dans les deux éventualités, cette volition, source première de la responsabilité, se
retrouve : seul varie son objet immédiat.

Ainsi se rejoignent, par leur essence intime, et se complètent
heureusement les deux grandes théories de l'abus et du risque
qui représentent les deux pôles de la responsabilité moderne et
qui tendent à résoudre le plus pressant à la fois et le plus ardu
des problèmes qui se soient posés aux législateurs : celui de cet
équilibre instable des droits que se fait un jeu de rompre à tout
instant l'incessante lutte vitale.

TABLE DES MATIÈRES

Imp. J. Thevenot, Saint-Dizier (Haute-Marne).

Ch. BEUDANT
Professeur à la Faculté de Droit de Paris, doyen honoraire.

COURS DE DROIT CIVIL FRANÇAIS

Publié par son Fils
ROBERT BEUDANT
Professeur à la Faculté de Droit de l'Université de Grenoble.

MODE DE PUBLICATION

L'ensemble de l'ouvrage formera 11 volumes au moins, format in-8, et sera publié par traités séparés, comme suit :
I. — Introduction. Explication du titre préliminaire du Code civil. 1 vol. in-8 (*en vente*).
L'état et la capacité des personnes, 2 vol. (*en vente*).
II. — La classification des droits, la propriété et ses démembrements, 1 vol. de 450 pages environ.
III. — Les successions *ab intestat*, les donations entre vifs et les testaments, 2 vol. de chacun 550 pages environ.
IV. — Les obligations, les contrats en général, la vente, le louage et les petits contrats, 2 vol. de chacun 500 pages environ.
V. — Le contrat de mariage et les régimes matrimoniaux, 1 vol. de 550 pages.
VI. — Les sûretés personnelles et réelles, 2 vol. (*en vente*).

Chaque traité se vend séparément au prix de 8 fr. le volume. L'introduction et l'explication du titre préliminaire font l'objet d'un petit volume à part annexé à *l'État et la capacité des personnes*. Ces trois vol. in-8 brochés ensemble, 16 francs.

**Les souscriptions à l'ouvrage complet sont reçues
au prix de 80 fr.**

Au cas où la publication dépasserait 11 volumes, les souscripteurs recevraient les volumes complémentaires sans augmentation de prix.

René FOIGNET
Docteur en Droit

MANUEL ÉLÉMENTAIRE DE DROIT CIVIL

CONFORME AU PROGRAMME EN VIGUEUR
SUIVI D'UN RÉSUMÉ EN TABLEAUX SYNOPTIQUES ET D'UN RECUEIL
DES PRINCIPALES QUESTIONS D'EXAMEN

1903-1905, 3 vol. gr. in-18 . . . . 18 fr.
CHAQUE VOLUME SÉPARÉMENT . . . . . 6 fr.

F. SURVILLE
Professeur à la Faculté de Droit de l'Université de Poitiers.

Eléments d'un cours de droit civil français

3 vol. in-8, 1904-1905 . . . . 24 fr.
Chaque volume, séparément . . . . 8 fr.

VIGIÉ (A.)
Doyen de la Faculté de Droit de Montpellier
Professeur de Code civil.

COURS ÉLÉMENTAIRE DE DROIT CIVIL FRANÇAIS

CONFORME
AU PROGRAMME DES FACULTÉS DE DROIT

**Ouvrage au courant
de la législation et de la jurisprudence les plus récentes.**

1891-1905, 3 vol. in-8 . . . . 30 fr.
Chaque volume se vend séparément . . . . 10 fr.

Imp. J. Thevenot, Saint-Dizier (Haute-Marne).

www.ingramcontent.com/pod-product-compliance
Lightning Source LLC
LaVergne TN
LVHW012215170726
843503LV00005B/2080